1 MONTH OF FREE READING

at
www.ForgottenBooks.com

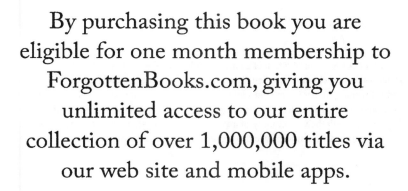

By purchasing this book you are eligible for one month membership to ForgottenBooks.com, giving you unlimited access to our entire collection of over 1,000,000 titles via our web site and mobile apps.

To claim your free month visit:
www.forgottenbooks.com/free431957

ISBN 978-0-483-28441-8
PIBN 10431957

Les
"Heirmoi„ de Pâques

dans

l'Office grec

Étude rythmique et musicale

par

D. HUGUES GAÏSSER

BÉNÉDICTIN DE L'ABBAYE DE MAREDSOUS DE LA CONGRÉGATION DE BEURON
PROFESSEUR AU COLLÈGE GREC DE ROME.

ROME

IMPRIMERIE DE LA PROPAGANDE

1905

Les
"Heirmoi" de Pâques

dans

l'Office grec

Étude rythmique et musicale

par

D. HUGUES GAÏSSER

BÉNÉDICTIN DE L'ABBAYE DE MAREDSOUS DE LA CONGRÉGATION DE BEURON
PROFESSEUR AU COLLÈGE GREC DE ROME.

ROME

IMPRIMERIE DE LA PROPAGANDE

1905

Avec l'autorisation des Supérieurs.

PRÉFACE

L'œuvre de restauration du chant de l'Église latine, inaugurée il y a plus d'un demi-siècle, vient de recevoir enfin, après de longs efforts et de multiples péripéties, son couronnement et une suprême sanction dans le " Motu proprio „ de S. Sainteté Pie X. Celle du chant de l'Église grecque a été, tant au sein de la nation hellène qu'ailleurs, l'objet d'efforts non moins assidus que tout ami de l'art et du culte divin souhaitera voir couronnés d'un égal succès.

Contribuer à réaliser ce vœu, tel est le but de la présente étude.

Les destinées du chant liturgique des deux Églises se touchent d'ailleurs par plus d'un côté.

Issus d'une même souche, à savoir la musique grecque (greffée elle-même sur l'arbre de la musique sémitique), le chant de l'Église grecque comme celui de l'Église latine, eurent dans la suite presqu'en même temps leur époque de développement comme aussi leur époque de décadence. Celle-ci fut occasionnée par des causes très efficaces en pareille matière, qui sont la force des circonstances, l'oubli, la négligence, l'ignorance même des artistes exécutants et quelquefois encore l'intervention délétère de " réformateurs „ imprudents.

Un même mal provenant d'une même cause requiert un même remède. Ce remède, c'est le retour à la source limpide de la tradition primitive, selon le mot mémorable de Charlemagne à ses chantres gaulois, " Revertimini ad fontes S. Gregorii „ , retour méthodique qui remonte le cours du fleuve pour arriver avec quelque probabilité à la source, ou du moins pour s'en rapprocher le plus possible.

C'est là ce qui a fait aboutir à un résultat relativement satisfaisant le travail des " restaurateurs „ (non " réformateurs „) latins : ces derniers ont étudié d'abord les manuscrits diastématiques de la seconde phase, c. a. d. les manuscrits écrits sur lignes (depuis les XIe et XIIe siècles) ; ils les ont confrontés ensuite avec ceux de la première phase, écrits sans lignes, et ont pu fixer ainsi un texte mélodique qui ne s'éloigne pas trop de la forme primitive authentique.

Les Grecs de leur côté devront de même étudier avant tout les monuments théoriques et pratiques de l'époque immédiatement antérieure à la " réforme „ , c. à. d. la soi-disant παλαιὰ μέθοδος, en usage depuis le XIIIe siècle, et qui a duré jusqu'au début du XIXe siècle.

Il faudra consulter, en outre, les traditions locales des églises slaves, italo-grecques, melchites, et celles des îles et contrées plus éloignées des grands centres de l'Orient grec : initiées dès le principe au chant et au rite grecs par des maîtres venus de Constantinople, elles ont souvent, en raison de leur éloignement et isolement même, conservé plus pures les traditions originaires de la métropole.

Ce n'est que grâce à ces études préalables qu'on pourra espérer voir se répandre un jour une lumière plus vive sur les origines mêmes de la musique grecque.

Tout en se rapprochant sur plus d'un point de la .restauration du chant grégorien. accomplie dans ces derniers temps, le travail de restitution du chant grec reste néammoins plus complexe, plus ardu ét plus délicat. Il ne sera pas hors de propos d'esquisser ici en quelques traits cette différence très réelle et très importante.

En effet, les textes manuscrits latins sont faciles à comprendre et s'accordent entre eux ; les textes manuscrits grecs sont difficiles, je ne dis pas à lire, mais à comprendre [1]. C'est pour ce motif qu'ils ont été jusq'à présent peu étudiés ; ils présentent de livre à livre, de pays à pays, des divergences plus ou moins considérables. Le travail du restaurateur latin est moins un travail de musicien que d'archéologue — peut être même a-t-il été parfois trop exclusivement travail d'archéologue — ; celui du restaurateur grec, au contraire, devra s'étendre à la recherche de la technique musicale de l'époque, et embrasser en partie la rédaction et l'arrangement des mélodies.

Je m'explique.

Dans les mélodies à restaurer il y a trois choses principales à considérer, à savoir le *dessin* ou mouve-

---

[1] Ce qui le prouve, c'est tout d'abord la transcription manifestement erronnée de quelques textes musicaux par des musicologues contemporains, v. gr. celle publiée, il y a 6 ans, par un écrivain renommé et qui aujourd'hui, certes, doit regretter de l'avoir prématurément livrée au public.

ment *mélodique*, la *tonalité* dans laquelle il convient d'interpréter la mélodie, et finalement le *rythme*. Le *dessin mélodique* peut se retrouver avec une sûreté suffisante. Ce même dessin mélodique n'est pourtant pas uniforme, comme dans le chant latin, mais il présente . de manuscrit à manuscrit des divergences telles qu'il faut y reconnaître le fait d'une liberté très grande, laissée aux protopsaltes. Il arrive même quelquefois que non seulement les divers manuscrits diffèrent entre eux, mais que le même manuscrit contient, au dessus ou au dessous du texte musical original (?), des variantes plus ou moins notables, qui répondent davantage aux goûts du copiste et qui sont laissées au choix du chantre exécutant. S'il en est ainsi, peut-on raisonnablement contraindre le restaurateur du chant grec à s'arrêter exclusivement à l'une ou à l'autre des variantes contenues dans les codices ? ne faut-il pas plutôt reconnaître à lui aussi le droit d'utiliser librement les divers éléments ou matériaux mélodiques préexistants pour les refondre à nouveau et les rédiger selon les principes de la tradition ? Il semble que l'affirmative s'impose, d'autant plus que cette même liberté, ce même droit est jusqu'aujourd'hui largement mis à contribution dans les différentes éditions.

Quant à la *tonalité* dans laquelle il convient d'interpréter le texte, elle n'est pas indiquée d'une façon expresse ; mais elle semble sousentendue dans la technique musicale de la tradition : celle-ci est connue d'ailleurs par l'enseignement théorique. C'est ainsi que dans le chant médiéval latin lui-même certains accidents qui tendaient à modifier essentiellement la tonalité, étaient, quelquefois du moins, sousentendus et supposés connus des chantres exécutants. Il y avait p. e. des chants notés en Fa (ou assignés à ce ton) qui se chantaient avec deux ♭ ♭ à la clef. Telle est l'antienne *Domine qui operati sunt* (matines du 1ᵉʳ nov.), signalée expressément pour cette " irrégularité „ dans le *Dialogus Odonis* (Gerb. *Script.* I, 256). D'où provenaient dans le chant latin des passages si contraires à la théorie reçue de ce même chant, sinon d'une technique plus anciennement en vigueur à Rome et à Constantinople? La tonalité, intimement liée à la technique musicale de la tradition, tel est le grand point à fixer pour quiconque veut restaurer le chant ecclésiastique grec, telle est la base scientifique essentielle qu'il faut établir, sans laquelle tout autre effort est inutile, nuisible même.

C'est cette base que j'ai cherché à fixer dans mon opuscule " Le système musical de l'Église grecque d'après la tradition „. La thèse défendue dans cet ouvrage est celle-ci : La gamme normale byzantine est une gamme en *Ré* qui a ses demi-tons entre *Ré* et *Mi* ♭ et entre *la* et *si* ♭. Sur les quatre premiers degrés de cette gamme *Ré Mi* ♭ *Fa Sol* sont érigés les quatre modes dits authentes [1] qui ont pour finales respectives ces mêmes quatre notes ; sur la quinte grave des mêmes modes, à savoir *Sol* (grave), *La, Si* ♭, *Do*, sont érigés les quatre modes dits plagaux. Le 1ᵉʳ et le 2ᵈ de ces modes plagaux, lorsqu'ils sont employés séparément, sont en général transposés à la quinte aigue, c. a. d. au diapason de l'authente

---

[1] *Mode* èst la physionomie ou le caractère propre d'un chant, résultant de la succession des demi-tons et des cadences finales.

correspondant. De cette manière; le 1er plagal a pour finale *Ré* tout comme le 1er authente, mais il en diffère par les intervalles *Ré Mi* ♮ *Fa Sol La* etc.; le 2d plagal a pour finale *Mi* ♭ : *Mi* ♭ *Fa Sol la* (♭) *si* ♭ etc. Grâce à ce procédé, les modes byzantins correspondent aux modes anciens dans le sens que l'a enseigné de tout temps, et ce non sans raison pratique, la théorie traditionelle byzantine, c. à. d. que le 1er mode correspond pour ses intervalles au dorien antique, le 2d au lydien, le 3me au phrygien, le 4e au mixolydien.

Les preuves développées dans le même livre à l'appui de cette thèse, prises séparément ne suffiraient peut-être pas à convaincre le lecteur; mais réunies, elles s'expliquent et se complètent l'une l'autre et constituent un ensemble de coïncidences tellement merveilleuses qu'il est impossible de les considérer comme fortuites, et qu'on ne peut les expliquer qu'en leur attribuant la portée et la signification indiquées plus haut.

Voici quelques unes de ces preuves.

Les manuscrits de chant byzantin, dans les instructions préliminaires qu'on y trouve quelquefois à l'adresse des chantres éxécutants sont unanimes à assimiler les modes byzantins aux modes anciens de la même manière que le soutient notre thèse; les martyries ou clefs des quatre principaux modes byzantins permettent de reconnaître aisément le tracé des notes (ou lettres) alphabétiques correspondantes aux quatre notes du tétracorde dorien de la musique antique; les noms alphabétiques mêmes de ces notes ou lettres, qui sont des noms sémitiques, se retrouvent facilement dans les syllabes de solfège byzantin *υες, zα*, etc. qui autrement restent inexplicables. La musique grégorienne même, j'en ai dit un mot tout à l'heure, renferme des exemples d'une tonalité analogue à celle revendiquée pour la musique byzantine; et même les chants actuels de l'Église grecque ont bien des passages conçus dans la tonalité affirmée dans la thèse susdite. La tradition musicale des pays slaves et des colonies albanaises en Calabre et en Sicile, issue de la tradition byzantine, vient à son tour confirmer cette assimilation; c'est précisément le cas pour nos " heirmoi „ de Pâques, comme on peut le voir par la présente étude: ces " heirmoi „, assignés au 1er mode, se tiennent nettement dans la modalité dorienne.

On a remarqué que dans le dit ouvrage j'ai pris pour point de départ le 1er mode, assimilé par moi au mode dorien, et que j'en arrive à conclure au caractère modal des autres modes byzantins. On peut arriver à la même conclusion en partant du dernier mode authente, le 4e, et en redescendant jusqu'au premier. Les finales des quatre modes sont en effet échelonnées sur les notes *Ré Mi (♮) Fa Sol* qui ont une relation mutuelle. Or les chants du quatrième mode, écrits aujourd'hui en *Mi*, sont écrits dans la musique byzantine traditionelle en *Sol*, par où l'on voit la valeur tonale du *Sol* byzantin: cette note équivaut à *Mi* moderne, c. à. d. qu'en descendant de *Sol* on aura successivement 1 t., 1 t., et un demi-ton. Cela nous donne précisément un tétracorde dorien *Sol* 1 *Fa* 1 *Mi* ♭ ½ *Ré* comme base des quatre modes principaux.

Il paraît donc incontestable que la tonalité de la tradition byzantine antérieure à la réforme est constituée sur la base de la gamme normale indiquée plus haut, c. à. d. la gamme *Ré–ré* renfermant les deux accidents ♭ ♭.

Il reste le *rythme*. Ici encore le travail de restauration est très délicat. Dans la présente étude je tente l'essai de résoudre d'une façon nouvelle un problème déjà ancien ; le lecteur pourra juger jusqu'à quel point j'ai réussi.

Tous ceux au moins qui se sont occupés de la question pourront constater que j'ai pleinement et surabondamment satisfait aux exigences du rythme, puisque je le fais consister en une mesure musicale, basée, elle, d'une part, sur une parfaite eurythmie ou correspondance des membres, et, d'autre part, sur une absolue conformité des strophes entre elles.

Les schémas *rythmico-métriques* des huit odes se trouvent rigoureusement traduits en musique dans l'*Essai de Restauration*. On y verra la *tonalité* traditionnelle, c. a. d. celle du mode *dorien*, appliquée à un *dessin mélodique*, tiré, lui aussi, en substance du moins, de la tradition manuscrite. C'est une première tentative de restauration telle qu'elle semble s'imposer dans la musique des tropaires de l'Église grecque. Cet essai, quand bien même il ne serait pas jugé digne de prendre sa place parmi les nombreuses variantes en usage, ne sera toujours pas sans utilité, je l'espère, pour la science du chant byzantin.

Puisse la bénédiction du Pontife glorieusement régnant, qui est venue féconder et consacrer le travail de restauration du chant sacré dans l'Église latine, s'étendre avec la même efficacité sur les modestes et consciencieux efforts tentés pour la restauration du chant ecclésiastique grec et leur assurer un égal succès.

En terminant cette préface, je tiens à remercier publiquement la Direction de " l'Oriens Christianus „ , dont la générosité m'a permis d'enrichir cette dissertation non seulement de nombreuses mélodies et de tableaux métriques nécessaires pour la parfaite intelligence du texte, mais encore de plusieurs facsimilés de manuscrits byzantins.

Rome, Collège grec, janvier 1905.

Les "*Heirmoi*„ de Pâques.

——— ✳ ———

Les chants dits *heirmoi* doivent être comptés parmi les plus anciens et les plus caractéristiques du rite grec. Ceux de Pâques ont été composés par St. Jean-Damascène, le grand organisateur et restaurateur du chant ecclésiastique : bien que destinés à la solennité elle-même, ils sont fréquemment répétés durant tout le temps pascal. Ils ont en outre servi de types pour les tropaires du χανών de la Σταυροπρος-χύνησις (IIIe dimanche du Carême) composé par St. Théodore de Studium (759-826), pour ceux du petit χανὼν τῆς Θεοτόκου « Θανατώσεως τὸν ὅρον », œuvre de Théophanes, disciple du précédent, pour ceux d'un canon de Nicéphore (v. ci-après p. 45), et pour d'autres encore.

De ces circonstances on aurait tort de vouloir conclure au bon état de conservation de ces chants. Les documents positifs confirment hélas ! ce que la logique fait pressentir. Ne peut-on pas dire, en effet, que des mélodies d'une facture délicate, très fréquemment employées, sont par là même plus exposées à s'altérer, tout comme les mots les plus usités dans les langues s'« usent » et se corrompent le plus, au point de perdre souvent leur physionomie première ; tout comme les monnaies enfin qui circulent en trop de mains, ne conservent pas longtemps la finesse et la netteté de leur effigie ?

Quant à l'enquête positive, le lecteur la fera avec nous. Il pourra confronter les différentes versions publiées ici, la plupart pour la première fois. Nous désirons *principalement* faire apprécier dans une série de riches échantillons la culture du chant ecclésiastique grec au moyen âge et l'état de conservation de ce chant chez les Néogrecs ; à un point de vue *plus spécial*, nous voulons fixer le caractère musical et traditionnel du 1er ἦχος byzantin auquel ces *heirmoi* sont assignés et recueillir avec méthode des matériaux pour une restauration tonale et rythmique de ces mélodies.

Voici la division de ce travail :

Après un mot d'explication sur le rôle des *heirmoi* dans l'Office grec, viendra l'énumération des sources de ces versions, accompagnée d'un examen sommaire de quelques unes d'entre elles.

On lira ensuite la série complète des mélodies, suivie d'une étude critique et comparée sous le rapport de la tonalité et du rythme. Nous terminerons par un essai de restauration des mélodies.

I.

Le rôle du heirmos.

Le *heirmos* (εἱρμός) est la *strophe-type* dont le mètre et la mélodie servent de modèle aux tropaires (τροπάρια) ou strophes de l'hymne ou de l'*ode,* en tête de laquelle il est placé ; il peut s'appliquer aussi aux strophes d'autres hymnes ou odes : les musiciens latins diraient *ton d'hymne*. Il s'ensuit que les *heirmoi* et les tropaires doivent avoir le même rythme ; un désaccord réel entre eux serait un signe manifeste de corruption de l'un ou des autres.

Au lieu de *strophe-type* on pourrait l'appeler encore *antienne-type*. En effet, les strophes des hymnes grecques, à l'origine, n'étaient autre chose que des antiennes métriques destinées à être intercalées après chaque verset des *cantica* (ῳδαί) de la Sainte Écriture. Au lieu de répéter chaque fois identiquement la même antienne (εἱρμός) on la « variait » tout en conservant le même ton et le même rythme.

Ce rôle pour ainsi dire « *antiphonal* » ou « *responsorial* » des tropaires grecs est nettement attesté dans certains manuscrits, p. e. le *Pii II 30 gr.* (Biblioth. Vatic.) pour les strophes du « *grand canon* » (du jeudi de la 5ᵉ semaine du grand

Carème): chacune des strophes y est précédée de l'indication
du verset scriptural après lequel elle doit s'intercaler. —
On y voit en même temps que, lorsque le nombre des versets
de l'ode sacrée était inférieur à celui des tropaires, on répé-
tait les versets de l'ode, dans notre grand canon p. e. ceux
de la 9e ode à partir de Εὐλογητός *(Benedictus)*. Lorsque, au
contraire, les tropaires étaient en plus petit nombre, p. e.
seulement 4, 6 ou 8 etc., ils s'intercalaient respectivement
après les 4, 6, ou 8 derniers versets de l'ode sacrée, y compris le Δόξα et le καὶ νῦν, ainsi que l'indique l' Ὡρολόγιον
avec la remarque εἰς δ' (c. à. d. 4 τροπάρια), εἰς ς' (= 6),
εἰς η' (= 8), placée respectivement avant les 2, 4, 6 derniers
versets des cantiques. Dans la première partie de l'ode jusqu'à l'endroit fixé pour l'insertion des tropaires, c'est, selon
toute apparence, le εἱρμός qui servait de refrain. On peut
voir une trace de cet usage dans le chant du Μεγαλύνει (Ma-
gnificat) de la 9e ode, dont les 6 versets, dans la pratique
actuelle, sont entrecoupés par la répétition du *heirmos* « Τὴν
τιμιωτέραν τῶν Χερουβίμ » etc. Ce refrain (constamment ré-
pété dans les Offices grecs) est, en effet, un vrai *heirmos,*
celui de la 9e ode du Vendredi saint [1]. La répétition du
heirmos avait d'ailleurs l'avantage pratique, de rendre la
mélodie familière aux exécutants qui n'éprouvaient plus aucune difficulté de l'appliquer ensuite aux strophes « *variées* »
appelées « *tropaires* ».

Sous ce rapport le *heirmos* se présente, dans l'origine,
comme un *refrain* stéréotypé, rôle auquel correspond parfaitement l'étymologie du mot εἱρμός (de εἴρω = *serere, in-
serere,* insérer, enlacer).

---

[1] Peut être l'usage actuel même n'est-il qu'une de ces accommodations si
fréquentes dans la célébration des Offices grecs, accommodation qui aura fait
substituer ce *heirmos* ou *refrain* connu de tous au *heirmos* principal du jour,
changeant constamment et par conséquent moins connu, mais que les règles plus
exactes de la psalmodie auraient cependant réclamé.

Hâtons-nous cependant de signaler à côté de ce concept apparemment *primitif* un autre pour ainsi dire inséparable de lui, à savoir celui de refrain *tiré du cantique* même et *connexe* (εἱρμός) avec lui.

Pour bien s'en rendre compte, il faut noter tout d'abord que ces *cantica* ou odes scripturales formant une partie importante de l'Office matutinal de l'Eglise grecque, sont au nombre de neuf. De là le nombre stéréotype de neuf odes ou hymnes requises pour former un *canon* (κανών) [1].

Etant donné cette destination embolismique du *heirmos,* l'on comprend pourquoi il emprunte le plus souvent au cantique sa pensée la plus saillante, et fréquemment même les termes qui expriment cette pensée, pour l'appliquer ensuite au mystère ou au Saint dont on célèbre la fête. On dirait un bouquet spirituel de pensées tirées de l'ode sacrée.

Cette *liaison,* cet *enchaînement* (εἱρμός de εἴρω = sero, sertum), cette combinaison et communion de pensée et de sentiment avec le *canticum* (ᾠδή) semblent caractériser le *heirmos* [2] et le distinguer, lui et ses tropaires, du στιχηρόν; car ce dernier n'a aucun lien intime avec le *psaume* auquel il sert d'antienne.

C'est ainsi que, dans l'Office de Pâques, le premier *heir-*

---

[1] Cf. C h r i s t *Beiträge zur kirchl. Litter. der Byzantiner*, München, Franz, 1870, extrait des Sitzungsber. der k. bayer. Ak. d. Wiss. München, 1870, II; P i t r a *Hymnographie grecque,* Rome, 1867, et *Anal. Sacra* I, Paris, 1876.

[2] Je ne sais si le terme εἱρμός qui a tant occupé les liturgistes, a jamais été expliqué dans ce sens de *liaison de pensée avec l'ode sacrée:* ne serait-ce pas le vrai sens originaire et étymologique de ce terme? ou est-ce simplement la destination *embolismique* (εἱρμός = sertum, *insertum*) que le mot devait désigner à l'origine? tandis que le sens de strophe-*type* ou strophe-*modèle* n'est venu s'y rattacher que peu à peu et par voie de conséquence? Ce qui le rend fort probable, c'est que le rôle de strophe-*modèle* n'est pas propre au *heirmos,* mais lui est commun avec l'*automèle* (αὐτόμελον). On nomme ainsi un chant expressément composé pour le texte auquel il est joint (tel le célèbre 'Η Παρθένος σήμερον), mais qui ensuite a servi de modèle à d'autres tropaires appelés προσόμοια (« semblables »). L'*automèle* diffère du *heirmos* seulement en ce qu'il n'a pas, comme celui-ci, de « lien » de concept et d'expression avec un psaume ou un cantique scriptural quelconque. Cf. P i t r a *op. cit.*, p. 29 ss.

mos emprunte son idée dominante au cantique de triomphe (ἐπινίκιον) chanté par Moïse après le passage de la Mer Rouge (1ère ode scripturale). Le sixième *heirmos* fait allusion à la prière du prophète Jonas (6ᵉ ode), le septième à la prière des trois enfants dans la fournaise ardente (7ᵉ ode). Partout les idées des *heirmoi* se trouvent rattachées (εἴρονται) à l'ode sacrée par la *connexion* (εἱρμός) plus ou moins étroite des images et des expressions.

La pensée et le sentiment dominants, sans abdiquer leur primauté, se plient souvent ensuite dans les tropaires à mille applications diverses. Les tropaires sont donc des « *variations* » (τροπάριον) sur un « *thème* » proposé dans le *heirmos*. On le remarque surtout dans les tropaires de la 7ᵉ et de la 8ᵉ ode, dont les paroles finales, souvent répétées, sonnent comme un refrain ou un écho des pensées les plus saillantes de l'ode sacrée : Εὐλογητὸς εἶ Κύριε, ὁ Θεὸς τῶν Πατέρων ἡμῶν, ... et, Εὐλογεῖτε... ὑμνεῖτε καὶ ὑπερυψοῦτε (Θεὸν) εἰς τοὺς αἰῶνας [1].

Ce n'est qu'en vertu du même principe que la deuxième ode du canon est omise dans l'Office, en dehors du Carême, depuis une époque antérieure au IXᵉ siècle. En effet, la deuxième ode scripturale, un peu longue d'ailleurs, n'est pas tant un cantique composé pour louer et glorifier Dieu qu'un avertissement et un reproche adressés par le Seigneur à son peuple pour l'amener à la pénitence. Le *heirmos* et les tropaires qui s'y rapportent, s'inspirent de ces sentiments; d'où leur appropriation exclusive au temps du Carême.

Aussi bien les recueils des *heirmoi* (εἱρμολόγια) postérieurs au XIᵉ siècle ne contiennent plus cette ode pour les temps ordinaires : ils passent de la 1ère à la 3ᵉ, conservant ainsi le « nombre » mystique de neuf, bien que dans la « réalité » il n'en reste plus que huit, puisque la deuxième est supprimée.

---

[1] Cf. les refrains (ἐφύμνια) mis en tête des odes dans le Ὡρολόγιον.

II.

Les sources des textes mélodiques.

Voici maintenant les sources auxquelles sont empruntées les mélodies qu'on va lire :

1) *Cod. Palatinus graecus 243* de la Bibliothèque Vaticane : c'est un εἱρμολόγιον, écrit sur papier aux confins du XIIIe et du XIVe siècles ; format 14×21 cm.; il est cité dans ce travail par *Pal.* (v. le 1er fac-similé p. 86).

2) *Cod. Cryptaferratensis E. γ. II* de l'Abbaye basilienne de Grottaferrata près Rome [1], cité ici par les initiales *Gr.* Le manuscrit est un εἱρμολόγιον écrit sur parchemin et daté de 1281; il provient de Calabre ou de Grottaferrata même; format semblable au précédent.

3) *Cod. Barberini III. 20.* Le manuscrit est également un εἱρμολόγιον; exécution superbe sur papier, vers le XVe siècle; format 10×15. Il provient du monastère de Ἅγιος Διονύσιος du mont Athos, cité à cette occasion dans ce travail par les initiales *Ath.;* la reliure est de style ottoman. Le manuscrit est surtout intéressant parcequ'il fait voir les traces d'une double conception et notation de l'Ὀκτώηχος, l'une byzantine et traditionnelle, l'autre latine et plus récente (v. le 2[d] fac-similé p. 87).

Ces trois manuscrits seront mis à contribution pour chacune des huit odes. Pour la 1ere ode, en outre, cinq autres versions seront citées et comparées, à savoir :

4) La version des *Ruthènes de Galicie,* d'après De Castro *Methodus cantus eccles. graeco-slavici* [2].

---

[1] Que les savants moines de la célèbre Abbaye me permettent de rendre ici publiquement hommage au prévenant accueil que j'ai toujours trouvé auprès d'eux.

[2] Romae. Propaganda 1881. Ces chants ont été recueillis par cet auteur de la bouche d'un des meilleurs connaisseurs du chant ruthène, Msgr. Isidoro Dolnicki, actuellement au Séminaire ecclésiastique de Lemberg, jadis professeur de chant au Collège grec de St. Athanase de Rome. Ils sont d'ailleurs conformes au Heirmologion slave, imprimé pour la première fois en 1700, puis réimprimé en 1816 et plusieurs fois depuis.

5) La version de *Sirmium* en Croatie, conservée par tradition orale et notée sous la dictée d'un clerc de ce pays.

6) La version des Grecs de Palazzo-Adriano en Sicile, conservée également par tradition orale et écrite sous la dictée de Msgr. A l e s s i , archiprêtre de rite grec de cette ville. — La série est close par deux éditions récentes d'Athènes :

7) Σακελλαρίδης, Ἑορτολόγιον, Athènes, Kousoulinos 1896, p. 4 ss. Cette édition offre l'avantage de contenir en outre tous les tropaires transcrits en notes (grecques) : toutefois ceux-ci n'acceptent la mélodie maîtresse du *heirmos* qu'en lui imposant de nombreuses variantes rythmiques. Du reste la mélodie des *heirmoi* mêmes de cette édition diffère çà et là de celle publiée par le même auteur en 1895 dans le Χρηστομάθεια (chez le même libraire).

8) Τσικνόπουλος, Νέον Εἱρμολόγιον, Athènes, Michalopoulos, 1895, p. 370 ss.

III.

Examen critique des sources.

L'énumération de ces documents doit se compléter par une critique au moins sommaire.

Les trois manuscrits cités en premier lieu sont écrits en notation dite *damascénienne* telle qu'elle était employée depuis le XIIe ou le XIIIe siècles jusqu'au début du XIXe et que l'on pourrait appeler *damascénienne secondaire* ou réformée. Elle succéda en effet à une notation plus *primitive* [1], à laquelle

---

[1] Le principe logique qui a dû présider à la notation damascénienne *primitive* et guider la confection des signes reste encore un mystère; les traductions tentées jusqu'ici doivent être tenues pour tout à fait incertaines. La clef se trouve sans doute dans l'antique notation slave qui en est émanée. Le P. T h i b a u t , dans le *Bulletin de l'Institut archéologique russe,* 1898, l'a « baptisée *Constantinopolitaine* , parcequ'elle fut principalement employée à Constantinople ». Sans entrer ici dans les détails, je me contente de dire que la dénomination paraît impropre pour la simple raison que cette notation n'était, apparemment, pas *particulière* à Constantinople, mais répandue partout. Aussi puis-je,

elle emprunta en substance les signes tout en les coordonnant avec plus de méthode. Ces manuscrits sont relativement sobres dans l'emploi des signes d'ornement: les σημάδια inventés par Κουκουζέλης (XIIIᵉ siècle) [1], et les soi-disant grandes ὑποστάσεις ne s'y rencontrent que rarement.

Les signes de cette notation secondaire ne présentent aucune difficulté pour la traduction : j'en puis donc garantir l'exactitude au point de vue du *dessin mélodique*. C'est à peine si de loin en loin une erreur manifeste du copiste oblige à une conjecture rendue aisée du reste par la comparaison avec des passages analogues. Nous aurons soin de signaler chaque passage douteux.

Quant au rythme, la certitude n'est pas tout à fait la même: la loi conventionnelle de la représentation du rythme n'est pas suffisamment connue. La comparaison de certains signes indistinctement employés l'un pour l'autre permet néanmoins de fixer d'une façon approximative et générale leur signification dynamique: p. e. *accélération* et *retard*, note *brève* et note *longue*, etc. Plusieurs signes dynamiques ont été ainsi traduits de la même manière, p. e. par une blanche ou une noire, bien que leur valeur rythmique précise ait dû varier quelque peu [2]. En voici les principaux:

---

outre les deux manuscrits « constantinopolitains », mentionnés par le P. Thibaut, en nommer plusieurs où cette notation est employée: huit à Grottaferrata: E. α. VII, Δ. α. VI, VIII, XIII à XVII, un à la Biblioth. Nat. de Paris, *cod. gr. 212*, deux à la Biblioth. Vatic., *cod. Reg. gr. 54 et 59*, tous du XIᵉ(-XIIᵉ) siècle.

[1] Ce musicien était maître de chapelle de la cour impériale de Constantinople; c'est de Constantinople que les signes et ornements inventés par lui se répandirent peu à peu partout. Rien d'étonnant dès lors, si les manuscrits de provenance constantinopolitaine se distinguent par plus de richesse dans l'emploi de ces signes.

[2] Pourquoi le lecteur puisse se rendre compte des signes dynamiques traduits, ceux-ci ont été presque partout apposés audessus des notes qui en figurent la valeur. On en trouve d'ailleurs une liste assez complète dans le tableau ci-contre que je crois utile d'accompagner d'un mot d'explication.

Les signes qui y sont représentés, n'ont d'autres valeurs que celles de durée et de force etc.; ils se trouvent, dans les manuscrits, apposés au dessus ou au

1. ρ . . . . χλάσμα ‿

2. ρ̂· (?) . . . . . . χράτημα ⤬ , ⤬ , ⌐

3. ρ . . . . ξηρὸν χλάσμα ⤳

4. ρ . . . . ἀντιχένωμα ⤳

5. ρ . . . . διπλῆ ‖

6. ρ, ρ̂ρ̂ . . . . . . ἀπόστροφοι σύνδεσμοι ⟩⟩

7. ρ̂· (?) . . . . . . λίγυσμα 𐤟

8. ρ̂· ζ . . . . . . λίγυσμα-γοργόν 2⌐

9. ⌂ . . . . γοργόν ⌐

10a   ὁμαλόν . . ⌐

10b   ,   τρομιχόν . . ⌐   }= ὀλίγον et ὑπόρροή.

— et ϛ

10c   ἐχστρεπτόν ⌐

11.   χρατημοϋπόρροον ⤬⌐

12.   χρατημοϋπόρροον-ὀλίγον ⤬⌐

13. ⌒ . . . . σταυρός ⊤ , ⌒

14. < · ᴧ . . . . . . ψηφιστόν ∫

15. > . . . . βαρεῖα ⟍

16. (?) . . . . . . παραχάλεσμα ∫

17. (?) . . . . παραχλητιχή ⌐

Il est encore un autre point qui, à première vue du moins, ne paraît pas indiqué dans la notation et qui, partant, semble sujet à discussion : c'est la nature des intervalles des mélodies (résultant de la place des demi-tons sur l'échelle mélodique) : c'est la μετροφωνία des auteurs byzantins [1]. Je n'ai pas hésité à résoudre la question en introduisant dans ma transcription l'armure ♭♭. Ainsi les mélodies des manuscrits et des imprimés rentrent dans le type auquel appartiennent les mélodies slaves et siciliennes transmises par tradition orale, c. à. d. l'antique *mode dorien* auquel la tradition byzantine a de tout temps assimilé le 1er ἦχος ecclésiastique.

Les preuves qui établissent l'exactitude rigoureuse de cette assimilation théorique et pratique ont été exposées

---

dessous des caractères exprimant la valeur tonale. Il n'y a que les nos 6, 11, 12 ἀπόστροφοι σύνδεσμοι, κρατημοϋπόρροον avec ou sans ὀλίγον qui aient en même temps une valeur tonale : les nos 11 et 12 (surmontés d'un signe fixant le degré de la première note) ont la valeur assignée dans le tableau, le no 6 a la valeur d'une seconde descendante. Il représente, ainsi que le nom le dit, deux ἀπόστροφοι juxtaposés qui remplacent le simple ἀπόστροφος à la fin d'un membre de phrase. Ils y alternent du reste avec le simple ἀπόστροφος orné du σταυρός (no 13) ou de la διπλῆ (no 5).

L'ἀπόστροφος simple, ainsi que les signes sous les nos 1, 4, 5, 9, 10a, 13, 14 et 15 se sont conservés jusque dans la notation actuelle presque avec la même signification. Ce n'est que le σταυρός (no 13), modifié en +, qui marque aujourd'hui une interruption brusque de la mélodie, tandisque dans la notation antérieure il a dû répondre à notre point d'orgue, *fermata*. La forme en demi-cercle, donnée à ce caractère dans les manuscrits italo-grecs à partir du XIIe et XIIIe siècles, est d'ailleurs bien voisine de celle de notre *fermata*, et paraît lui avoir donné l'origine. Les signes 10 a, b, c, de forme peu différente, semblent s'employer dans les manuscrits avec une valeur équivalente d'accélération. On dirait une combinaison graphique de l'ὀλίγον désignant une seconde ascendante, et de la ὑπορροή marquant deux secondes consécutives descendantes, deux caractères conservés dans la notation actuelle avec la même signification. Les trois signes mentionnés, 10 a, b, c, se trouvent d'ordinaire apposés sous un groupe de quatre notes tel qu'on le voit par ma traduction dans le tableau. L'ἀντικίνωμα (no 4) semble exprimer un *sostenuto*, les nos 16 et 17 une emphase, le no 7 un effet similaire ou un son produit avec un certain « éclat ».

[1] Cf. Θεόδωρος Φωκαεύς, Κρηπίς... τῆς ἐκκλησιαστικῆς μουσικῆς, Athènes, Michalopoulos, 1893, p. 124. — Cod. *Vat. gr. 791*, f. 6 vo (XIIIe s.).

ailleurs [1]. Il n'y a pas lieu d'y revenir ici. L'analyse comparée de ces différentes versions — et c'est là le but spécial que nous annoncions au début de cette étude — four-
nira un nouvel argument à la thèse que nous rappelons :
à savoir que le 1er mode de l'Eglise grecque est un vrai
mode dorien dont il reproduit la succession de tons et de
demi-tons à un diapason plus bas ; quant aux quatre degrés
inférieurs de cette nouvelle gamme dorienne ils servent de
base ou de centre aux modes de l' Ὀκτώηχος, conformément
au tableau suivant :

Dorien antique : { Mi   Fa   Sol   la   si♮   do   ré   mi }
½ t.   1 t.   1 t.   1 t.   ½ t.   1 t.   1 t.

Dorien byzantin : { Ré   Mi♭   Fa   Sol   la   si♭   do   ré } [2]

ἦχ. α΄ = dorien
ἦχ. β΄ = lydien
ἦχ. γ΄ = phrygien
ἦχ. δ΄ = mixolydien

Nous devons ici soumettre à un examen plus détaillé le
caractère modal de ces mélodies.

---

[1] G a ï s s e r *Système musical de l'Eglise grecque d'après la tradition,*
Rome, 1901 (l'ouvrage est épuisé).

[2] Je répète ici une remarque faite dans cet ouvrage : c'est que le degré
la est déprimé d'un demi-ton *(la ♭)* dans le second mode traditionnel et d'un
quart de ton (ou bien est variable entre *la ♭*, *la diminué* et *la ♮*) dans le quatrième mode. En effet, toutes les mélodies du quatrième mode — pour ne parler
que de celui-ci — y compris les hirmologiques, notées aujourd'hui en *Mi* (avec
Fa variable), se trouvent notées en *Sol* dans les manuscrits (παλαιὰ μέθοδος —
on peut lire aussi *Ré*), ce qui nécessite l'emploi des accidents en question. Ainsi
les heirmoi du canon si connu «Ἀνοίξω τὸ στόμα μου », écrits aujourd'hui en ton
de *Mi ♮ (Mi Sol Sol Sol Sol Fa (♯) Mi)* sont écrits en ton de *Sol (Sol si♭ si♭
si♭ si♭ la (♭) Sol)* dans les codices. De plus, le quatrième plagal se trouve
toujours noté à la quinte grave du quatrième authente : il ne peut donc représenter qu'un type mineur dans le genre du 1er mode grégorien.

IV.

Caractère modal des mélodies.

Toutes ces mélodies sont censées appartenir au 1er ἦχος de la musique ecclésiastique; les livres liturgiques les désignent par ce mode.

Parmi elles, trois nous sont parvenues par la seule tradition orale: cela même les a garanties contre les méprises qu'eussent commises des chantres à demi ignorants de la notation écrite. Elles offrent uniformément toutes les trois — si l'on fait abstraction de quelques légères altérations dans l'une d'elles — un même type identique, l'antique dorien: *Mi* ♮ t. *Fa* 1 t. *Sol* 1 t. *la* etc. Bien que paraissant provenir et provenant même réellement, de régions diverses et à titre « prochain » très distantes, les pays slaves et la Sicile, elles prétendent cependant avoir la même origine première, l'origine grecque. C'est de Constantinople que les peuples slaves reçurent dès les IXe et Xe siècles et leur rite et leur chant d'église, tandisque les Grecs Albanais pourchassés par les Turcs au XVe siècle transportèrent l'un et l'autre de la patrie-mère dans leur pays de refuge.

Or comment serait-il possible que deux nations si éloignées l'une de l'autre, si disparates par la destinée, ayant reçu toutes deux leur chant de l'Eglise grecque, à plusieurs siècles d'intervalle eussent le même type modal pour une mélodie très populaire, si ce type n'était pas le vrai type primitif fidèlement conservé? Il existe donc dans la tradition byzantine un premier mode du type dorien antique.

Arrivons maintenant aux *manuscrits*. Leur étude attentive nous conduit indirectement aux mêmes conclusions.

Les deux premiers, celui de la Bibliothèque Vaticane *(Pal.)* et celui de Grottaferrata *(Gr.)* ont entre eux une parentée incontestable, bien que assez lointaine. (Le *Gr.* est de provenance calabraise). Ils ont ceci de commun avec la tradition

slave que *la mélodie ne dépasse jamais le tétracorde aigu
au-dessus de la finale.*

Comment expliquer ce fait ?

Pour la mélodie de l'Eglise slave, on en trouve la raison
dans le système musical même, lequel procède de bas en
haut par tricordes majeurs *séparés* (διεζευγμένα) ou, ce qui
revient au même, par tétracordes *enchaînés* (συνημμένα) :

I   II   III   IV   V

Sol ı la ı si | do ı ré ı mi | fa ı sol ı la | si ♭ ı do ı ré | mi ♭ ı fa ı sol etc.

En dépassant le *la,* on aurait été obligé ainsi de chanter *si* ♭, intonation étrangère au mode dorien pur. Les musiciens préférèrent donc éviter le degré en question. De toute
manière cette raison même montre que le tétracorde est bien
du type dorien ; autrement elle tomberait à faux.

Quant aux mélodies grecques qui imitent en ceci si fidèlement la mélodie slave, ne faut-il pas supposer que le même
fait provient de la même cause ? Le tétracorde si soigneuse-
ment tenu dans son cadre, peut-il être autre chose qu'un
tétracorde dorien ?

On peut penser, il est vrai, que les copistes ont voulu
indiquer pour note modale du 1er ἦχος non le degré *Ré,* mais
le degré *la,* quinte aigue du degré *Ré* [1], tout comme quel-

---

[1] De fait, la martyrie ou clef de ce mode est d'ordinaire accompagnée de
la ὑψηλή, signe marquant une quinte ascendante. C'est ainsi qu'ont manifestement 'entendu les choses — outre les copistes des ms. quelques peu inconsé-
quents en cela — les musiciens qui en 1868-69 sur l'ordre et avec l'approbation
du Patriarche de Constantinople ont publié successivement en deux volumes la
Μουσική Βιβλιοθήκη chez Kalliphron, Constantinople. Le 1er volume a pour titre
'Αναστασιματάριον.... 'Ιωάννου τοῦ Δαμασκηνοῦ, le second, 'Αναστασιματάριον.... Πέτρου
τοῦ Πελοποννησίου. Petros Pelop. († 1777) écrit ses compositions papadiques du
1er mode dans le diapason de *Ré,* Daniel protopsalte († 1789) et d'autres, tantôt
dans le diapason de *la,* tantôt dans celui de *Ré.* Voir les Χερουβικά et les Κοινω-
νικά publiés dans Πανδέκτη, IV, Constantinople 1851, et dans d'autres recueils
semblables.

ques antiennes fériales du 1er mode latin se trouvent notées avec la finale *la* (avec ♭ à la clef), p. e.

  a GaG G F G ♭   G ♭ a   a a G   G F G ♭ ♭ G ♭ a
Lauda Ierusalem Dominum, Et omnis mansuetudinis eius.

Mais c'est un détail technique sans influence sur le type modal même, lequel reste toujours le dorien tant que l'on a le demi-ton immédiatement audessus de la finale. Un type modal de ce genre se tient dans le diapason de l'échelle dorienne enharmonique d'A r i s t i d e Q u i n t i l i e n [1].

Notre mélodie procède ainsi par tétracordes doriens enchaînés, flanqués quelquefois du προσλαμβανόμενος *Sol grave,* et ayant la finale au centre

(Sol t.) La ♮ t. Si ♭ t. Do t. Ré ♮ t. Mi ♭ t. Fa t. Sol.

Ce type se rencontre tel quel dans les Κεκραγάρια [2] des manuscrits et dans les chants *stichirariques* du 1er ἦχος, qui, jusque dans les éditions les plus modernes, présentent un *Mi ♭* et *Si ♭* dès que la mélodie descend vers le *Sol grave* [3].

---

[1] Περὶ Μουσικῆς, p. 21-22. — Cf. ce qui a été dit des « *systèmes et genres... chez les Byzantins et chez les anciens Hellènes* » dans l'opuscule déjà cité *Système musical de l'Eglise grecque*, p. 131 ss.

[2] Le chant du Κύριε ἐκέκραξα des vêpres selon les huit modes. Ce chant, dans les manuscrits, se tient strictement dans le cadre des deux tétracordes, sans les dépasser ni au grave par le προσλαμβανόμενος ni à l'aigu par l'ajoute de la quinte *la*, note qui se rencontre seulement dans les manuscrits plus récents, p. e. *Paris. Colbert 105* (XVIIe s), dont une copie faite en 1821 se trouve à la Bibl. de Bruxelles. D'autres mélodies pourtant ajoutent quelquefois au grave le προσλαμβανόμενος, et même, quoique très rarement, le dépassent d'un ton.

[3] Cf. les στιχηρά dans les Ἀναστασιματάρια, Τριῴδια, Ἑορτολόγια etc. etc. Si les musiciens depuis un siècle fixent un *Mi ♮* à ces mêmes mélodies lorsqu'elles montent, c'est là la conséquence d'une erreur imputable à leurs maitres de 1818, qui, en « réformant » la théorie et la pratique de l'Ὀκτώηχος sur le modèle du chant latin, prêtèrent au 1er mode grec la constitution d'un 1er mode latin, *en deux pentacordes* enchaînés. De là le *Mi ♮*. Les mélodies plus anciennes, ne dépassant jamais le tétracorde aigu, montrent au contraire que ce n'est pas le pentacorde, mais le tétracorde qui forme la base du mode et que par conséquent il faut toujours *Mi ♭*.

Le manuscrit du mont *Athos (Barberini III. 20)* suit
une voie toute autre et diffère sensiblement des précédents.
Ici le tétracorde aigu au dessus de la finale est fréquemment
dépassé et cela même de deux ou de trois degrés. Aussi la
finale ne peut-elle plus être fixée au *la,* mais seulement au
Ré ; autrement la mélodie serait trop élevée. Malgré cette
divergence très sensible, il y a çà et là un passage mélodique qu'on dirait tiré de *Gr.* et transporté à la quinte
aigue : ainsi, le saut de quinte ascendante ΓD mis, dans
le ms. de *Gr.,* au commencement des odes 6ᵉ, 7ᵉ, 9ᵉ,
Κατῆλθες, Ὁ παῖδας, Φωτίζου se retrouve dans *Ath.* sous la
forme de *Da.* Est-ce un essai d'arrangement mélodique, dans
le sens du premier mode latin, que le manuscrit nous offre ? [1]

Je n'oserais me prononcer ni pour l'affirmative ni pour
la négative. Car si, dans quelques passages, l'on croit découvrir quelque affinité entre le type athonien et celui des
manuscrits italo-grecs, on remarque d'autre part une complète indépendance dans l'ensemble des mélodies et cela
jusque dans les lignes les plus caractéristiques. Ainsi la
mélodie athonienne n'a pas pour dominante et pour finale
ordinaire la quinte aigüe du pentacorde (qui serait ici le
la), comme son contre-type, mais elle a invariablement
pour finale la quinte grave (qui est ici le *Ré*) et pour dominante et finale interne la quarte *Sol.*

---

[1] Le ms. de *Gr.* tend assez à donner aux mélodies un tour de phrase latin.
La conclusion finale sur la quinte grave à la fin de la 6ᵉ ode et quelques conclusions partielles dans d'autres odes sont même tout à fait latines. Malgré cela
l'impression générale produite sur l'oreille est celle d'un mode dorien (1ᵉʳ mode
byzantin) plutôt que celle d'un mode hypodorien (1ᵉʳ mode latin). La raison en
est que c'est par exception et pour ainsi dire par *redondance* seulement que ces
mélodies élargissent leur cadre jusqu'à la quinte grave Γ (degré qui dès lors
est, dans le sens strict du mot, un προσλαμβανόμενος, un ton ou degré *surajouté*
à l'*ambitus* régulier), tandisque dans tout le reste de leur parcours elles se
meuvent dans la partie supérieure du pentacorde, *La Si♭ Do Ré,* ou dans le tétracorde superposé, *Ré Mi♭ Fa Sol.* Des mélodies ainsi faites, bien que hypo-
doriennes par la finale ou par des modulations passagères, restent cependant
doriennes de caractère, ainsi que le dit fort bien le Hagiopolitis (cod. *Paris. 360*
f. 223 rᵒ): « ... τὸν πρῶτον ἦχον ἀπὸ δωρίου μέλους, καὶ μὴ ἀπὸ ὑποδωρίου (γνωρίζεσθαι) ».

· Quoi qu'il en soit en particulier du type du 1ᵉʳ mode fourni par ce manuscrit, il est hors de doute que, dans le reste, le codex hagiorite contient des traces manifestes et irrécusables de transformation d'une tradition byzantine antérieure en une manière de concevoir et d'interpréter les modes plus récente, plus latine. L'étude en est sous ce rapport très intéressante et très concluante. On est forcé d'en venir à cette vérité de fait: il a existé au mont Athos, avant le XIVᵉ et le XVᵉ siècles, une pratique musicale de l' Ὀκτώηχος observant la conformité traditionnelle des ἦχοι grecs avec les modes antiques: 1ᵉʳ = dorien, 2ᵉ = lydien, 3ᵉ = phrygien, 4ᵉ = mixolydien. Mais la notation n'en est plus comprise par notre copiste. Sa manière de concevoir la notation (*Ré Mi♮* etc. au lieu de *Ré Mi♭* etc.) est déjà toute latine. Nous n'en voulons citer pour preuves que les tentatives multiples faites pour corriger dans ce sens les textes notés [1]. Le germe de la corruption est maintenant présent. Le travail d'altération va lentement se faire; et, grâce aux relations fréquentes de Constantinople avec le Ἅγιον Ὄρος, le mal va peu à peu se répandre dans cette métrople et dans les villes soumises à son influence.

Il reste un mot à dire sur les versions de nos *heirmoi* offertes par les éditions modernes.

Il est facile de constater une assez grande ressemblance entre celles-ci et le type du mont Athos. Elles s'interprètent

---

[1] Qu'un seul exemple tienne lieu de plusieurs. Le tropaire bien connu, Τὴν ὡραιότητα τῆς παρθενίας σου du 3ᵉ mode, se trouve noté dans ce manuscrit f. 178 vo, comme de juste, avec la clef traditionnelle (μαρτυρία) de *Fa*. Toutefois le copiste a eu soin d'ajouter à la martyrie le signe de l' ὀλίγον pour indiquer, selon toute évidence, que ce *Fa* (grec) doit se chanter comme si c'était un *Sol* (latin), c. a. d. avec l'intervalle *d'un ton entier au dessous de lui*. Dans la suite du morceau, sans plus prendre la peine de dissimuler son embarras, il note aux finales internes partout la clef ou martyrie de *Sol* tout court. Interprété suivant ces indications, le tropaire prend la physionomie d'un parfait huitième mode latin (antique phrygien). Ce n'est qu'à la fin que le bon musicien se voit forcément obligé de faire descendre la mélodie a un *Fa* réel *(sic!)* comme il l'entend, lui: car une mélodie du τρίτος doit finir en ce ton. Des observations analogues peuvent se faire sur les εἱρμοί du même mode (f. 60 vo–73 ro).

généralement, il est vrai, avec $Mi \natural$ et $si \flat$ [1]. De loin en loin cependant une modulation avec $Ré Mi\flat$ ($Fa\sharp$) Sol vient rappeler l'écho troublé du vrai 1er mode byzantin. Interprétées avec l'armure $\flat\flat$ ces mélodies correspondent au type du 4e mode latin avec $\natural$, type dorien pur, presque complètement perdu dans le chant néogrec, mais bien conservé dans nombre de chants traditionnels des églises grecques de la Sicile et de la Calabre, p. e. la Δοξολογία de S. Sofia d'Epiro, etc.

Il faut enfin accorder une attention spéciale à la mélodie sicilienne pour la 4e ode: 'Επὶ τῆς θείας φυλακῆς.

Elle commence en majeur pour tourner, d'une façon assez inattendue en *Sol mineur:* c'est dans ce ton qu'elle se termine, non sans faire d'abord deux autres légères modulations. Je n'hésite pas à regarder le mode de *Sol mineur* comme le mode primitif et authentique de cette belle mélodie. C'est le 1er mode plagal terminant sur *Sol* (une des variétés de ce mode établies dans mon livre déjà cité *Système musical* etc. p. 153). Il s'introduit fort à propos dans la série des *heirmoi* du 1er mode authente pour rompre la monotonie et donner de la variété. C'est ainsi que dans le ms. *Ath.* (*Barberini* III. 20 f. 5 v° ss.) les odes du κανών de St. Jean-Damascène ('Έσωσε λαόν) de la fête de Noël répondent alternativement en la finale *Sol* à celles du canon de St. Cosmas (Χριστὸς γεννᾶται) de la même fête, terminées en *Ré.* Les passages en majeur dans notre ode semblent être l'effet d'une corruption. Celle-ci se trahit entre autres choses par l'incertitude du chantre sicilien à l'endroit de la cadence ὅτι ἀνέστη Χριστός et par la surélévation de la note initiale du second vers Ὁ Θεηγόρος, qui, pour être la reproduction du 1er vers, devrait commencer de la même façon.

On trouvera à la fin un essai de restauration tonale et rythmique de cette strophe si expressive et si intéressante.

[1] Le degré *si*, dans les mélodies du 1er mode néogrec, est abaissé par $\flat$ d'une façon assez constante et régulière, et il faut méconnaître ou ignorer les faits pratiques pour voir en ce mode l'équivalent exacte du 1er mode latin avec son *si* $\natural$ ordinaire et pour l'assimiler à l'antique phrygien.

V.

Versions mélodiques.

Ὠιδὴ α'.

Pal.

(3) Πά - σχα Κυ - ρί - ου, Πά σχα· (4) ἐκ γὰρ θαἰνάτου πρὸς ζω - ἠν,

Gr.

(3) Πάσχα

Gal.

Пасха, Господня Пасха : Ѿ смерти бо въ жизни,

Sirm.

Пасха,

Sic.

(3) Πά σχα Κυ - ρί - ου, Πά - σχα (4) ἐκ γὰρ θαἰνάτου πρὸς ζω - ἠν,

Ath.

Πάσχα

Τσικν.

Πά - σχα

Σακ,

Πάσχα

'Ωιδὴ γ'.

Pal. (1) Δεῦτε, πό-μα πί-ω-μεν καινὸν, (2) οὐκ ἐκ| πέ-τρας   ἀ -

Gr. Δεῦτε

Ath. Δεῦτε

Pal. γόνου τερατουργούμενον, (3) ἀ|λλ' ἀφθαρσί - - ας   πη - γὴν

Gr. γόνου

Ath. γόνου |

Pal. (4) ἐκ τάφου ὀμ-βρήσαντος Χριστοῦ, (5) ἐν ᾧ στε-ρε-ούμεθα.

Gr. ὀμ - βρήσαντα Χριστόν

Ath. ὀμ-βρήσαντα Χριστόν   ἐν ᾧ στερε-ούμε|--θα.

᾿Ωιδὴ δ΄.

(*) C'est certainement par erreur que le ms. a le σταυρός sous la note suivante qui surmonte l'article ὸ.

(**) Le ms n'indique pas clairement si les deux notes Do-Si doivent se chanter sur la syllabe στὴ ou sur κούμ.

Pal.   "Αγγελον (6) δι-α-πρυ-σί-| ως λέ-γον-τα· (7) σή-με-ρον

Gr.   "Αγγελον

Ath.   "Αγγελον

Sic.   "Αγγε-λον

Pal.   (8) σω-τη-ρία   τῷ | κό-σμῳ, (9) ὅ-τι ἀ-νέ- στη Χρι-στός

Gr.   σω-τη-ρία

Ath.   σω-τη-ρία

Sic.   σω-τη-ρία

(*) Au lieu d'une πιταστή avec ὀλίγον, comme le demanderait la mélodie, le manuscrit donne ici une πιταστή sans ὀλίγον.

(**) Le ms. donne la πιταστή avec ἴσον au lieu de la πιταστή surmontée de l'ὀλίγον.

(*) Le texte donne *Sol-La*; mais il est évident que le κέντημα a été oublié sur l'ὀλίγον de la syllabe ρος.

(**) Variantes données par le ms. même; celle d'en haut est écrite à l'encre rouge sous le texte, mais apparemment de la même main.

'Ωιδὴ ζ'.

Pal.

τὴ, (6) καὶ πανήγυ-ρίς| ἐστι παν- η-γύ-ρε-ων,(7) ἐν ᾗ

Gr.

τὴ,

Ath.

τὴ, |f.14ᵛ

Pal.

εὐ-λογοῦ- - μεν Χρι - στὸν (8)   εἰς   τοὺς αἰ-ῶ- νας.

Gr.

εὐ-

Ath.

εὐ-

'Ωιδὴ θ'.
α. προῳδός (prélude.)

Ath.

(1) 'Ο Ἄγ-γε-λος ἐ-βό-α (2) τῇ κε|χα-ρι-τω-μέ - νη·(3) παῦ-

Piana
del
Grett
(Meile)

(1) 'Ο Ἄγγε-λος ἐ-βό - α(2) τῇ κε-χα-ρι-τω-μέ - νη·(3) Χαῖ-ρε,

β. εἱρμός.

(*) Les paroles mises entre crochets manquent dans l'Office actuel de Constantinople, et paraissent propres aux Itale-grecs. Les « Πεντηκοστάρια » les plus en vogue ne contiennent du reste pas ces soi-disant « Μεγαλυνάρια » qui, à une époque relativement récente,— la divergence des textes le prouve — sont venus remplacer les versets de l'ode scripturale « Μεγαλύνει ».

(*) Le copiste a certainement oublié de mettre ici un ἀπόστροφος (intervalle descendant de seconde) que je supplée.

VI.

Rythme de l'hymnographie grecque en général.

Après l'examen critique et comparé de ces *heirmoi* au point de vue de la *tonalité*, il resterait à en faire l'étude comparée au point de vue du rythme. Cependant une telle analyse, pour peu qu'on veuille l'approfondir, dépasserait bien vite les limites imposées à la présente étude.

Je me bornerai donc aux remarques les plus indispensables sur les principes de l'hymnographie grecque en général, touchant surtout les points où des observations et des études personnelles m'ont amené à des conclusions différentes de celles de mes devanciers: Pitra, Stevenson, Christ, Bouvy, Krumbacher etc. J'essaierai ensuite de fixer le schéma rythmique des huit odes, en ayant soin de signaler et de redresser tous les écarts qui pourraient se rencontrer soit dans les strophes soit dans le *heirmos* même.

Le Cardinal Pitra [1] et, après lui, Stevenson [2] soutiennent que les Grecs depuis le XIe et le XIIe siècles ne se sont plus rendu compte que leurs hymnes étaient écrites en vers, et n'y ont plus vu que de la prose rythmée. La preuve en est fournie, disent-ils, par les qualificatifs λόγος πεζός, ἄμετρος, δίχα μέτρου, donnés à ces vers par les scoliastes du XIIe siècle, tels que Grégoire de Corinthe et Théodore Prodrome; avant eux, Suidas avait parlé de même à propos de la plupart des canons de St. Jean-Damascène, qu'il nomme καταλογάδην par opposition aux canons *métriques* du Saint, appelés, par lui aussi, ἰαμβικοί.

Mais ces écrivains ne se sont pas souvenus que, déjà chez les classiques, ces expressions prenaient parfois un

---

[1] *Hymnographie grecque*, Rome, 1867, p. 6 et p. 28 ss.
[2] L'*Hymnographie grecque* dans la *Revue des questions historiques*, 1876, II, p. 490-91. Cf. B o u v y *Poètes et Mélodes*, Nîmes, 1886, p. 225.

autre sens que celui de *prose*. Elles désignaient en outre
un genre de *poésie* et de *rythme poétique* « *indépendant de
la mesure* » (ἄμετρον) ou quantité *des syllabes*.

Ce genre de poésie n'était pas inconnu dans l'antiquité ;
les poètes comiques surtout ne se faisaient pas faute d'y
recourir. Athénée [1] indique comme inventeur de ce style
poétique un certain A n t h é a s   L i n d i o s , et il qualifie ses
vers de καταλογάδην ἴαμβοι, expression qui sert également
à préciser le genre des hymnographes de l'Eglise grecque.

Et puisque ce genre a été qualifié de *rythmique* par
opposition au genre dit *métrique,* il convient de se demander
avant tout, quelle différence il y a entre le mètre et le
rythme? Recevons la réponse de la bouche d'un auteur de
l'antiquité classique, Longinus [2] : « Le *mètre,* dit-il, diffère
du *rythme*. La matière [première] du *mètre* est [la quantité de] la syllabe ; sans syllabe pas de mètre. Le *rythme*
au contraire peut régner soit sur les syllabes soit sans syllabes » [3]. Le mètre est donc un rythme, une manière de
produire, d'imiter le rythme au moyen des combinaisons
de quantités syllabiques [4]. Mais le rythme, lui, peut se
constituer sans aucune considération de quantité et même
en dehors de tout texte, par « des combinaisons de durées
temporaires d'une matière sonore quelconque distinguées par
l'arsis et la thésis » [5].

---

[1] Δειπνοσοφισταί, 445.
[2] Προλεγόμενα εἰς τὸ Ἡφαιστίωνος Ἐγχειρίδιον, § 6.
[3] Διαφέρει δὲ μέτρον ῥυθμοῦ. Ὕλη μὲν γὰρ τοῖς μέτροις ἡ συλλαβὴ καὶ χωρὶς συλλαβῆς οὐκ ἂν γένοιτο μέτρον· ὁ δὲ ῥυθμὸς γίνεται μὲν καὶ ἐν συλλαβαῖς, γίνεται δὲ καὶ
χωρὶς συλλαβῆς » l. c.
[4] Cf. J. H. Heinr. Schmidt Leitfaden in der Rhythmik und Metrik,
Leipzig, Vogel 1869, p. 1.
[5] Marius Victorinus (Gramm. lat. Keil, VI, 1): « Rhythmus est pe-
dum temporumque junctura velox (c. à. d. dans le mouvement?)..... divisa in
arsin et thesin..... rhythmus in modulatione ac motu corporis ». Cf. St. Augu-
stinus De Musica, II, 1: « Musicae ratio, ad quam dimensio ipsa vocum ra-
tionabilis et numerositas pertinet, non curat nisi ut corripiatur vel producatur
syllaba, quae illo vel illo loco est, secundum rationem mensurarum suarum »,
c'est-à-dire, la musique raccourcit et allonge les syllabes à sa façon. Cf. ib. VI, 1.

Le rythme ayant un domaine plus général, existe donc avant le mètre qui n'en est qu'une imitation, une reproduction dans le langage. Les pieds et combinaisons de durée divisés par arsis et thésis, ainsi que la correspondance symétrique des membres, résultant, dans le mètre, de l'enchaînement des syllabes longues et brèves, s'obtiennent, dans le rythme, par des moyens à la fois plus libres et plus universels.

Dans l'hymnographie grecque, ce moyen n'est autre que la musique. Car ces hymnes ont été composées avec la musique et pour la musique. C'est ce dont les auteurs cités ne semblent pas avoir suffisamment tenu compte.

Nous venons de signaler la divergence principale qui nous sépare de nos devanciers. Le Cardinal Pitra va jusqu'à rendre la musique responsable de la déperdition du sentiment rythmique chez les Grecs : déperdition qui est, d'ailleurs, — nous l'avons montré — affirmée d'une façon assez gratuite et excessive. Peut-être l'accusation serait-elle justifiée, si elle visait seulement les compositeurs qui ont parfois surchargé les syllabes de notes et offusqué ainsi le rythme, ou les copistes et les exécutants moins expérimentés qui ont modifié ou déplacé de syllabe à syllabe les valeurs dynamiques. Nous pouvons, en effet, constater de telles altérations dans les *heirmoi* de Pâques dont les mélodies offrent des divergences et des anomalies rythmiques manifestes dans les différentes versions. Or, en fait de rythme la plus légère modification suffit pour rompre la symétrie et effacer le plan, le principe d'ordre, qui régit la strophe [1].

Mais à part cela et en général, la musique des hymnes

---

[1] La tradition sicilienne pour la quatrième strophe fournit des exemples de ces modifications lorsqu'au début elle fait une note longue d'une note simplement appuyée, lorsqu'elle accélère sans proportion les syllabes initiales du mot διαπρυσίως, ou qu'elle déplace des notes de syllabe à syllabe.

grecques est un aide précieux et le critère le plus important pour la reconstruction des schémas rythmiques sur lesquels les hymnes sont composées. Le rythme des hymnes grecques est donc un rythme musical.

Or l'élément musical qui entre ici en jeu est la durée que la musique peut donner à une syllabe, jusqu'à lui faire occuper quelquefois le temps de tout un pied rythmique. C'est la τονή (ou la συγκοπή) des métriciens antiques, représentée métriquement par le signe ∟ ou ⊔ = ♩ , ou ♩ .

Que la musique ecclésiastique grecque l'emploie constamment, jusque dans la simple psalmodie, cela est un fait connu de tout praticien. La τονή se fait tantôt en prolongeant une syllabe, tantôt en la chargeant de plusieurs notes. De cette façon les syllabes du mot Κύριε, p. e., qui en « prosodie » représentent un *dactyle* ‿∪∪, ou un *creticus* ‿∪‿ etc., peuvent constituer tantôt toutes ensemble un seul pied rythmique ♪ ♪ ♪ (en métrique ⌣∪∪ avec l'accent sur Κύ),

tantôt deux pieds ♩ ·♪ ♩ (en métrique ‿∪ ∣ ‿), ou encore

♩. ♩ ♪ (en métrique ∟ ∣ ‿∪), tantôt trois pieds entiers

♩. ♩. ♩. ou bien ♩ ♩ ♩ (en métrique ∟∟∟ ou ‿‿‿) [1].

On voit par l'exemple du mot Κύριε que la τονή peut s'appliquer dans une mesure très étendue, même à des syllabes tout-à-fait brèves par l'accentuation comme le serait en latin la pénultième brève du mot Do*mi*ne.

Il n'y a qu'une limite à cette latitude, c'est que jamais, dans le même mot, la syllabe voisine de celle qui a l'accent tonique ne peut avoir plus de durée que la syllabe accen-

---

[1] Voir un exemple de cette dernière forme rythmique dans la mélodie du tropaire, « Κύριε, ἀνελθὼν ἐν τῷ σταυρῷ », ἀπόστιχα ἀναστάσιμα du 4ᵉ mode chez Σακελλαρίδης, Χρηστομάθεια, Athènes, Kousoulinos 1895, p. 70, dont la version est ici préférable à celle des autres éditions d'Athènes et de Constantinople.

tuée elle-même ; et d'autre part, la syllabe accentuée doit toujours coïncider avec le temps fort du pied rythmique [1].

La question de savoir quand la τονή indiquée dans les éditions peut être considérée comme authentique ou non, est difficile à résoudre. Elle est d'ailleurs connexe avec deux autres points dont il reste à dire un mot : à savoir, l'*eurythmie* et la *conformité rythmique* requise entre les tropaires et leur heirmos.

L'*eurythmie* est l'ordonnance bien proportionnée des membres entre eux, à l'effet de les réunir en une unité supérieure : la période et la strophe ; elle apporte l'élément de l'unité dans la variété. C'est le principe ou mieux la loi suprême qui dominait toute la poésie antique, et déterminait la forme et la structure des vers, des périodes et des strophes [2]. Les hymnographes de l'Eglise grecque, succédant immédiatement aux poètes de l'antiquité, ne peuvent avoir ni oublié ni négligé une loi si essentielle. Aussi l'éloge adressé par l'Eglise à l'un d'eux, peut-il, ce semble, s'appliquer à tous : « Ἐναρμονίως, Μάκαρ, ἑορτὰς ἀνεγράψω εὐρύθμοις μελῳδίαις, O Bienheureux, vous avez embelli les fêtes de mélodies harmonieuses *(enharmoniques)* et bien rythmées *(eurythmiques)* » [3].

L'étude approfondie de leurs compositions poético-musi-

---

[1] Pour les licences et les exceptions à cette dernière règle voir S t e v e n s o n (*l. c.*), B o u v y *Poètes et Mélodes*, Nîmes, Maison de l'Assomption 1881. — Il faut noter en particulier que, dans le rythme ternaire surtout, le second temps du pied peut être occupé par la syllabe accentuée d'un mot dissyllabe, p. e. Νῦν πάντα, etc.

[2] Cette loi nous fut révélée à nouveau par les magnifiques travaux des métriciens allemands, W e s t p h a l *Griechische Metrik*, 3ᵉ éd. Leipzig, Teubner, 1889 ; J. H. H e i n r. S c h m i d t *Die Kunstformen der griech. Poesie*, 4 vol., surtout 1ᵉʳ vol. *Die Eurhythmie*, Leipzig, Vogel 1868-69 ; C h r i s t *Metrik der Griechen und Römer*, München Franz 1874, etc.

[3] Μηναῖον, 14 oct., deuxième ἀπόστιχον des vêpres de St. Cosmas, évêque de Maïouma, VIIIᵉ siècle. Cf. S. Basile *in Ps. 29 :* «Ὁ ψαλμὸς λόγος ἐστὶ μουσικὸς, ὅταν εὐρύθμως κατὰ τοὺς ἁρμονικοὺς λόγους πρὸς τὸ ὄργανον κρούηται ».

cales conduit à la même conclusion, à savoir qu'elles sont basées sur l'observance stricte de la loi de l'eurythmie.

Or, c'est ici surtout que la τονή entre dans son rôle en conférant souvent à un membre trop court par lui-même, la durée voulue par la symétrie, tout en y apportant un élément de variété et d'expression. L'*eurythmie* est le but à réaliser, la τονή est le moyen pour l'obtenir.

Si l'on reprochait à ce principe d'*eurythmie* d'être un principe *a priori,* et partant peu sûr et sujet à des applications arbitraires, je répondrai que, dans son application, il est contrôlé et complété par le second principe énoncé plus haut, celui de la conformité ou pour mieux dire de l'*uniformité* de rythme entre les tropaires et leur *heirmos.*

Cette uniformité comprend l'*isosyllabie* ou égalité du nombre des syllabes de strophe à strophe, et l'*homotonie* ou égalité dans la succession des temps forts et faibles (ou des accents rythmiques). Quant à l'*isosyllabie,* ou égalité du nombre des syllabes, tout en étant de la plus haute importance, elle n'est cependant pas essentielle à tel point qu'elle ne pourrait être remplacée par un autre élément musical équivalent, l'*isochronie* ou l'égalité de durée. Pour ce qui est de l'*homotonie* au contraire, elle est un élément essentiel qui ne saurait être violé en aucune façon dans une poésie basée précisément sur l'accent tonique et divisée en strophes, surtout lorsque ces strophes sont destinées à être chantées. Dans de semblables poésies la place des accents rythmiques doit concorder de strophe à strophe, sans violer jamais l'accent tonique (dans les limites déjà indiquées): autrement il serait impossible d'exécuter convenablement le chant des tropaires. Il en est de ceux-ci à peu près comme des strophes d'hymnes latines: elles doivent de toute nécessité avoir le mètre du ton d'hymne sur lequel elles doivent se chanter.

Or — et nous touchons ici au point le plus important, — en comparant les strophes entre elles et avec le *heirmos,* on est souvent choqué par une anomalie évidente touchant le nombre des syllabes et l'accent rythmique. L'accent tonique p. e. qui dans le heirmos affectait telle syllabe, se trouve dans le cours des strophes, déplacé sur sa voisine qui en était privée dans le *heirmos*.

Comment ce fait est-il compatible avec le principe du rythme tonique d'une part et avec celui de l'uniformité rythmique des strophes d'autre part, réclamés l'un et l'autre, avec une insistance égale et de l'accord de tous, dans le rythme des hymnes grecques ?

Il y a trois manières d'expliquer et d'aplanir ces irrégularités.

D'abord, l'irrégularité est quelquefois réelle et fautive: elle trahit une corruption soit du tropaire, soit — ce qui n'est pas rare — du *heirmos* même. Pour rétablir l'uniformité voulue, il suffit souvent alors de peu de chose, p. e. d'un changement dans l'ordre des paroles, etc.

Dans d'autres cas, le poète même a composé ses tropaires sur un *heirmos* préexistant, vicié, dans son rythme, déjà à son époque ou mal compris par lui. C'est le cas de nombre de tropaires composés sur l'automèle Ὦ τοῦ παραδόξου θαύματος du 8e ton, dont la teneur première, exigée par l'eurythmie et imitée par les tropaires les plus nombreux et les plus anciens, était sans aucun doute : Ὦ παραδόξου τοῦ (ou σοῦ?) θαύματος. C'est le cas aussi, selon toute apparence, de plusieurs tropaires du canon de la Σταυροπροσκύνησις [1], composé, ainsi qu'il a été déjà dit, par St. Théodore Studite sur nos *heirmoi* de Pâques. Il né reste alors, à vrai dire, qu'à corriger l'œuvre du poète, à moins que l'on préfère tolérer des barbarismes d'accent dans l'hymnodie sacrée.

---

[1] Adoration de la Croix, du IIIe dimanche du Carême, canon et tropaires que, dans la suite, pour plus de brièveté, nous citerons d'ordinaire tout court: canon ou tropaire *de la Croix*.

Cependant, hormis ces irrégularités réelles et fautives, il en reste encore dans les tropaires un nombre considérable, qu'il serait difficile ou téméraire de vouloir corriger. De fait, qu'adviendrait-il du texte des hymnes de l'Office grec, si l'on voulait toujours recourir au stylet du correcteur pour écarter les anomalies rythmiques qui s'y présentent. Il faut, au contraire, admettre que le plus grand nombre de ces anomalies ne sont qu'apparentes : il s'agit uniquement de trouver un schéma rythmique dans lequel toutes ces anomalies se combinent harmonieusement, et où l'eurythmie puisse être sauvegardée en même temps. C'est elle en effet qui servira à son tour de contrôle et de contre-épreuve pour l'exactitude du schéma à constituer.

La principale, et souvent, l'unique ressource ici est de nouveau la τονή. Il arrive, par exemple, que deux syllabes se disputent l'accent de tropaire à tropaire : ainsi le premier vers de l'automèle Ὅλην ἀποθέμενοι a l'accent sur la première syllabe, tandisque le premier vers de plusieurs προς-όμοια, composés sur ce modèle, p. e. Βουλὴν αἰώνιον de l'Annonciation de la S. Vierge, a l'accent sur la seconde syllabe [1] ; appliquez la τονή aux deux syllabes, elles deviennent rythmiquement égales, portant toutes les deux l'ictus du pied rythmique : Ὅλην, Βουλὴν, et de fait la mélodie sicilienne porte trois notes sur la première syllabe. Bien d'autres exemples s'offriront à nous plus loin dans l'analyse de nos *heirmoi* de Pâques.

De même que des désacords d'*accents* entre les strophes disparaissent par cette méthode, de même aussi des irrégularités du *nombre des syllabes* sont corrigées par l'application de la τονή, laquelle est alors rigoureusement réclamée. Exemples:

---

[1] Il en est de même de nombre d'autres syllabes de ce modèle et de ses imitations.

1ère ode, 2e v. { Heirm.: λαμπρυνθῶμεν λαοί, ‿‿ : ‿‿‿ ‿ : 6 syll.
{ IIe str.: καὶ ὀψόμεθα, ‿‿ : ‿ ‿ ‿ : 5 syll.

8e ode, 5e v. { Heirm.: ἑορτῶν ἑορτή, ‿‿ ‿ ‿ : ‿ ‿ ‿ : 6 syll.
{ IIe str.: τῆς ἐγέρσεως, ‿‿ ‿ ‿ : ‿ ‿ ‿ : 5 syll.

Dans ces deux exemples, le vers du tropaire a chaque fois une seule syllabe (la 4e) là où le *heirmos* en a deux (la 4e et la 5e): cette unique syllabe devra nécessairement prendre le temps des deux autres; c'est l'élément de durée qui vient ici suppléer à celui du nombre [1].

Il résulte de cet exposé que, dans l'hymnographie grecque, ni l'*isosyllabie* ni l'*homotonie* ne sont essentielles [2] ou suffisantes pour la détermination du rythme; mais l'*isochronie,* ou si l'on veut, l'*isopodie,* est le vrai caractère de cette poésie. En d'autres termes, les syllabes ne sont ni uniquement comptées ni pesées, mais mesurées, non pas au point de vue de la quantité ou de la prosodie, mais au point de vue ou plutôt au moyen de la musique, conformément à la définition que Longinus nous a donnée du rythme. C'est ce qui ressort aussi, d'une façon indirecte, il est vrai, mais pour cela non moins certaine de plusieurs définitions du εἱρμός, recueillies par Pitra (l. c. p. 31-32), et en particulier du texte suivant de Théodore d'Alexandrie (ib. p. 32): « Ἐάν τις θέλῃ ποιῆσαι κανόνα, πρῶτον δεῖ μελίσαι τὸν εἱρμόν, εἶτα

---

[1] Dire avec quelques auteurs que les syllabes manquantes dans des vers semblables sont d'ordinaire compensées par des syllabes surnuméraires du vers précédent ou suivant, est une assertion qui, le plus souvent, ne résistera ni à l'examen des faits ni surtout à l'essai pratique. En effet, dans les exemples cités ci-dessus, ni le vers précédent ni le suivant ne contiennent une seule syllabe de trop. D'autre part, le vers est d'ordinaire tellement circonscrit dans son texte musical, verbal et, ajoutons, logique, qu'on se figure difficilement comment, dans la pratique, le chantre irait chercher en dehors du vers les éléments pour le compléter. Le cas des syllabes surnuméraires d'un vers et complémentaires d'un autre se présente bien quelquefois, il est vrai, mais rarement cependant et alors, si je ne me trompe, dans des conditions tout à fait déterminées.

[2] c. à. d. constitutives du rythme.

ἐπαγαγεῖν τὰ τροπάρια ἰσοσυλλαβοῦντα καὶ ὁμοτονοῦντα τῷ εἰρμῷ καὶ τὸν σκοπὸν ἀποσώζοντα ». Donc, avant tout, il faut fixer ou bien, si l'on imite, *chanter* la mélodie du *heirmos ;* et ce n'est qu'après s'être bien approprié la *mélodie* du *heirmos,* qu'il faut chercher d'y adapter des tropaires isosyllabiques et homotones, parce que seule la mélodie avec sa mesure détermine en réalité leur rythme. L'isosyllabie et l'homotonie n'y entrent donc pas comme éléments positifs, mais comme éléments plutôt négatifs, en ce sens que, sous ce rapport, les tropaires ne peuvent pas s'écarter du rythme mélodique fixé : elles ne sont pas les éléments constitutifs. de ce rythme, mais les propriétés qui en découlent nécessairement [1].

Aussi suis-je amené à formuler une conclusion toute opposée à celle émise par Krumbacher dans son ouvrage *Geschichte der Byzantinischen Litteratur* [2], à savoir que les formes des vers classiques furent mises de côté par les hymnographes. Non, ceux-ci ont conservé les mêmes formes, ils ont employé la même technique (sauf la quantité des syllabes), et j'ajoute même, ils ont mis le même art ou du moins la même recherche dans la structure des périodes et des strophes rythmico-musicales que les poètes de l'antiquité dans leurs plus riches compositions lyriques [3].

---

[1] Qu'on veuille se rappeller ici ce que Philon dit des νἐοι ψαλμοί composés par les religieux d'Egypte: « Ποιοῦσιν ᾄσματα καὶ ὕμνους εἰς τὸν Θεὸν διὰ παντοίων μέτρων καὶ μελῶν ῥυθμοῖς σεμνοτέροις ἀναγκαίως χαράσσοντες » (Eus. *Hist. eccl.*, II, 16), et remarquer la jonction des paroles ὕμνους et ᾄσματα, et puis μέτρων et μελῶν : ce sont des hymnes composées ensemble avec le chant et avec une *mesure musicale.*

[2] IIe éd. München 1897, p. 656. — Cf. *Studien zu Romanos* du même auteur, München, Franz, 1898.

[3] Il ne faut pas, en effet, comparer les œuvres des hymnographes avec les poésies classiques destinées, le plus souvent, comme celles des poètes latins, à la récitation, ou avec les strophes stéréotypes, sapphique, asclépiade et autres semblables, poésies dont les formes régulières et transparentes n'ont été imitées que par les hymnographes latins; mais il faut les comparer plutôt avec les productions de lyrique chorale, les chœurs des poètes

VII.

Le rythme poético-musical des « heirmoi » de Pâques en particulier.

Après ces notions générales touchant le rythme des hymnes de l'Eglise grecque, j'ose donner un essai du schéma rythmique de chacune des huit strophes de Pâques tel qu'il me paraît résulter d'une part des textes et des mélodies comparés, de l'autre des principes de rythmique et de métrique reçus de l'antiquité, ainsi que de la pratique des musiciens grecs.

Et d'abord, pour ce qui est des paroles, j'ai confronté, outre les strophes de Pâques, celles du canon de l'Adoration de la Croix, celles du petit canon de la Mère de Dieu, composé par Théophane [1], et celles du canon de Notre Dame de la Ζωοδόχος Πηγή [2], composé par Nicéphore Callistos Xantopoulos (XIV° siècle) pour cette fête, qui, dans certaines églises, se célèbre le vendredi de la semaine de Pâques.

Partout je m'en suis tenu aux imprimés, en particulier à l'édition de la *Propayanda*. Ce n'est qu'en passant que j'ai eu recours à quelques manuscrits, pour les passages les

---

tragiques ou les odes de Pindare. Les vers de ce dernier, on le sait, n'étaient eux aussi qu'une simple prose pour Cicéron (*Orator,* 55, 183) et Horace (*Carm.* IV, 2): tant il est difficile de juger au point de vue de la simple technique poétique des œuvres composées pour être chantées.

[1] Les lettres initiales des premiers tropaires des huit odes de ce canon forment l'acrostiche Θεοφάνης, et non Θεοφάνους comme l'indique l'édition de la Propaganda, Rome, 1883, p. 94. On voit par cet acrostiche de *huit* lettres qu'à l'époque de l'auteur du canon (IX° siècle) la 2e ode s'omettait déjà.

[2] Ce canon n'est pas inséré dans l'édition de la Propaganda. Les autres éditions mêmes ne le donnent qu'à titre de dévotion pour la St. Vierge, en ces termes: ... « οὐ γὰρ εὕρομεν ὑπὸ τυπιχοῦ τὴν τοιαύτην ἀκολουθίαν, ἀλλ' ἐτέθη δι' ἀγάπην τῆς ὑπεραγίας Θεοτόκου ». Ces canons seront cités dans la suite le plus souvent avec les initiales du nom de leurs auteurs, excepté celui de Pâques, cité sous l'initiale *P.:* donc celui de la Croix avec les lettres *Thd.*, le petit canon de la St. V. avec *Thph.*, et le canon de la Ζωοδόχος avec *Nic.*

plus revêches au schéma rythmique. Un travail complet
de confrontation aurait dépassé la mesure de mes forces et
de mon temps, et serait d'ailleurs, à mon sens, peu fruc-
tueux, s'il n'est pas précédé ou du moins accompagné d'une
étude approfondie du schéma du *heirmos*. C'est une étude de
ce genre que j'ai entreprise. Quand bien même les résultats
particuliers et tout à fait nouveaux auxquels elle aboutit ne
rallierait pas tous les suffrages, elle laisse au moins entre-
voir le but que devra prendre pour point de mire toute édition critique du texte verbal et musical des Offices grecs.
Il faut que ceux-ci soient purgés de ces anomalies et de ces
particularités qui rendent leur exécution musicale impossible. Car c'est pour le chant qu'ils ont été composés. Parmi
les codices consultés par moi, je cite spécialement les codices
Vat. gr. 769 (XVe s.) et *771* (écrit par St. Nile XIe-XIIe s.),
Reg. 58 et *59, Pii II, 30* et les n[os] Δ. β. *II* et *VII* de
Grottaferrata.

Quant au texte musical fourni par les *Heirmologia* manuscrits déjà cités, et dont le lecteur a pu prendre connais-
sance, j'en ai tenu compte, sous le rapport du rythme,
aussi longtemps que le permettaient l'eurythmie et l'uniformité du rythme à obtenir dans les strophes. Ces deux
principes devaient justement primer tout le reste, même les
indications des manuscrits. Celles-ci sont trop différentes
d'ailleurs entre elles et trop visiblement incomplètes (sup-
posé même que leur sens et leur valeur fussent tout-à-fait
certains), pour qu'on doive s'en faire une loi absolue. On
peut se convaincre de la justesse de cette observation en
examinant les *heirmoi* spéciaux que les manuscrits donnent
pour la fête de la Σταυροπροςκύνησις, tout en renvoyant
— c'est du moins le cas des ms. *Gr.* et *Pal.* — aux *heirmoi*
de Pâques Ἀναστάσεως ἡμέρα etc. La mélodie, en effet, tout
en étant au fond la même de part et d'autre, présente cependant des variantes rythmiques et mélodiques plus ou
moins sensibles, spécialement dans le manuscrit athonien.

Ce fait de la divergence des textes mélodiques grecs tant manuscrits qu'imprimés devra rester présent à l'esprit du lecteur quand il lira, à la fin, l'essai de « restauration » des mêmes mélodies. Lorsqu'il y remarquera çà et là une rédaction plus libre, voire un remaniement plus ou moins notable du premier dessin mélodique, il voudra bien se rappeler que, en cela, je n'ai fait qu'user de la liberté pratiquée depuis des siècles par les protopsaltes. La présente rédaction est, sous ce rapport, tout aussi authentique que la leur et n'en diffère peut-être — j'ose l'espérer — que parce qu'elle repose sur une étude plus approfondie de la tradition musicale byzantine. Celui du reste qui croirait que la garniture ♭♭ n'est pas suffisamment sûre, est libre de ne pas en tenir compte. La tonalité, il est vrai, s'en trouvera altérée, mais le rythme et le dessin mélodiques resteront les mêmes [1].

Voici la marche que je suivrai.

On lira d'abord le schéma rythmique de chaque ode, accompagné d'une analyse raisonnée de ce schéma; j'examinerai ensuite et, au besoin, je corrigerai les irrégularités rythmiques qui se rencontrent dans les différentes strophes; et enfin je proposerai la série complète des huit *heirmoi* mis en musique d'après ces mêmes schémas et sur la base d'une des mélodies précédemment communiquées ou reçues aujourd'hui, de préférence sur la base de la mélodie manuscrite du mont Athos [2].

---

[1] Dans les principes de rythmique et de métrique j'ai suivi de préférence M. J. H. Heinr. Schmidt, auquel des métriciens comme Rossbach et Westphal, et, jusque dans les derniers temps, Christ *Grundfragen der melischen Metrik der Griechen*, München, Franz 1902, ont rendu hommage. J'aime à citer, à cette occasion, les termes dans lesquels ce dernier écrivain blâme l'oubli de l'élément musical par les anciens métriciens, parceque ses paroles peuvent s'appliquer aux recherches faites sur le rythme de l'hymnographie grecque. Il dit: « Die Lehre der alten Metriker ist eben dadurch auf so viele Abwege gekommen, dass sie sich von der Musik trennte; und wir sollten ihnen folgen ? » p. 251, note 2.

[2] Je n'ai suivi ni la mélodie de *Grottaferrata*, ni celle du *Palatinus gr.* qui fournissent un type mélodique fort semblable au type stichirarique d'aujour-

Les signes métriques employés dans ce chapitre pour représenter le rythme ont partout une valeur musicale réelle comme suit : ⌣ = ♪ , ‿ = ♩ , ⌐ = ♩. , ⊔ = ♩ , ∧ = ♩ , ⊼ = ♩ ; si l'on préfère la mesure *alla breve,* les notes doivent être doublées : ♩, ♩, ♩. , ♩, ♩, ▬ . — Outre le schéma *métrique* indiquant en détail la *nature* et la division des pieds rythmiques, il y en aura chaque fois un autre pour ainsi dire *mathématique,* qui indiquera le *nombre* des pieds compris dans chacun des différents membres, et fera voir ainsi les proportions mathématiques et la correspondance réciproque de ces membres entre eux. Les points qui, dans ce schéma, séparent les chiffres, figurent.les pauses normales à introduire à. la fin des membres. — Un troisième schéma enfin adjoint au précédent, indiquera au moyen des lettres alphabétiques la correspondance des membres : les membres qui se répondent portent les mêmes lettres de l'alphabet [1]. Dans le schéma *métrique* on remarquera des lignes verticales soit simples soit pointées. Les unes marquent la division des pieds rythmiques, les autres la fin et le début du mètre. Les unes et les autres correspondent aux barres de mesure de la musique et annoncent l'accent rythmique ou le temps fort qui les suit. Une virgule (,) ou bien deux lignes verticales (‖) marquent la fin d'un vers tombant au milieu d'un membre rythmique ou vice-versa.

_____

d'hui. Celui-ci en effet se chante sur un diapason tout aussi bas que le type en question. A ceux qui s'étonneraient peut-être d'un diapason aussi grave, je ferai remarquer avec R i e m a n n *Geschichte der Musiktheorie*, Leipzig, Hesse, 1898, que le diapason des anciens Grecs, et par suite aussi celui des Byzantins, était, selon toute apparence, *plus élevé* que le nôtre, et non pas *plus bas,* comme le pensent la plupart de nos musicologues en se fondant sur une conjecture peu solide de Bellermann.

[1] Les membres peuvent se répondre, non seulement lorsqu'ils sont égaux, mais aussi lorsqu'ils sont équivalents.

Ière ODE (Ὠιδὴ αʹ).

Le *heirmos* de la 1ère ode semble écrit en tétrapodies anapestiques et dactyliques, lesquels forment ensemble une seule période antithétique terminée par un ἐπῳδικόν ou coda. On peut s'en rendre compte par le schéma suivant:

1-2. Ἀναστάσεως ἡμέρα, | λαμπρυνθῶμεν, λαοί·

3.   Πάσχα Κυρίου, Πάσχα.

4.   ἐκ γὰρ θανάτου πρὸς ζωὴν,

5-6. καὶ ἐκ γῆς πρὸς οὐρανὸν, | Χριστὸς ὁ Θεός,

ἐπῳδ. 7-8. { ἡμᾶς διεβίβασεν
               ἐπινίκιον· ᾄδοντας.

On le voit, la période se compose de quatre membres qui se répondent par antithèse. Les deux membres intérieurs sont des tétramètres dactyliques, les deux membres extérieurs des tétrapodies ou dimètres anapestiques, lesquels chaque fois réunissent deux vers du texte. C'est du moins ce que tant la nature de celui-ci que l'eurythmie semblent demander, et ce que confirment les manuscrits, p. e. le *Vatic. gr. 769,* par l'absence, après le vers 1 et 5, du point destiné à indiquer la division musicale du vers[1].

---

[1] Notez que plusieurs strophes n'ont pas de césure suffisante entre le 5e et le 6e vers, lesquels dès lors doivent forcément s'unir. C'est surtout le cas de la 1ère strophe de *Thph.* (petit canon de la Mère de Dieu), dont les vers 5 et 6 se partagent pour ainsi dire les syllabes d'un même mot: τὸν ἐκ τάφου ἀναλάμ‖ψαντα σήμερον. Ils doivent se scander d'après la 2de variante du schéma.

C'est l'expression d'une joie vive qui éclate ainsi dès le début de la strophe. Celle-ci s'entonne au moment où le cortège des prêtres et des clercs, représentant Jésus « entrant dans sa gloire », après avoir sollicité et obtenu l'ouverture des portes de l'Eglise, y fait son entrée joyeuse. Le mouvement d'une marche empressée est donc bien à sa place.

Mais à peine les premiers accents d'invitation à la joie (λαμπρυνθῶμεν, λαοί, faisons fête, o peuples) ont-ils fini de retentir, que vient s'énoncer en style, pour ainsi dire, lapidaire, dans les deux membres intérieurs, l'objet même de la fête (Πάσχα Κυρίου, c'est la Pâque du Seigneur). Quel admirable relief celui-ci ne reçoit-il pas par le contraste du mouvement lent et calme des dactyles et des spondées succédant aux anapestes et aux rapides proceleusmatiques, ou plutôt encadrés de ces vers. Car le quatrième membre (vers 5-6) va reprendre pour un moment la course rapide du premier membre (vers 1-2) pour se terminer fort à propos par un mouvement modéré annonçant la fin de la période.

Les deux derniers vers eux aussi se trouvent unis dans plusieurs manuscrits. On pourra donc les considérer comme un seul membre formant l'ἐπῳδικόν ou la coda de la période plutôt qu'une nouvelle période. Le *Vat. gr. 771* toutefois sépare par le point de coutume les vers 7 et 8, lesquels, dès lors, constituent une période distincte, du genre dit *stichique.* La mensuration la plus en harmonie avec son rôle de conclusion et avec toute la période semble celle en anapestes contractés quelquefois en spondées. Cependant la mélodie du mont Athos admet, pour ne pas dire, réclame la mensuration en trochées ou iambes. Ce serait alors un tétramètre, iambique ou trochaïque (= huit pieds) succédant à quatre tétrapodies dactylo-anapestiques, tandisque avec la première manière de mesurer nous aurions une hexapodie anapestique pour conclusion.

Ce schéma qui satisfait à toutes les exigences de l'eurythmie, fait, de plus, voir et distinguer sur le champ les anomalies réelles et les irrégularités purement apparentes qui se rencontrent dans les strophes, en combinant celles-ci dans un même rythme harmonieux et en fournissant le moyen de corriger celles-là. En voici la liste:

vers 1_2, Εἱρμ. de la *Croix*, corrigez Ὁ θειότατος προετύπου | πάλαι Μωϋσῆς [1] en Ὁ θειότατος τὸ πάλαι | προετύπου Μωσῆς.

v. 2, str. II de *Pâques* et str. I de *Théoph.*, deux syllabes brèves du *heirmos* sont remplacées par une syllabe longue:

καὶ ὀψόμεθα ∪∪ : _ ▭ | _
ἀνεμόχλευσας

Le même fait se reproduit au vers 6 des str. III de *P.* et I de *Théoph.*:

(ἀ-)ό-ρα-τος _ : _ ▭ _
σή-με-ρον

v. 3, str. II de *P.*, corrigez τῷ ἀπροσίτῳ φωτί en τῷ ἀπροσίτῳ φάει. Ce dernier mot est très familier à St. Jean-Damascène qui l'emploie dans l'ᾠδ. ε' de Pâques, str. IV, v. 3: ἄδυτον φάος, et fréquemment ailleurs [2].

A la rigueur le mot φωτί pourrait être maintenu; car l'accentuation rythmique de la syllabe φω, coïncidant avec la τονή, constitue moins une anomalie qu'une hardiesse rythmique. Il en faut dire autant du mot ζωήν à la fin du v. 3, str. I de *Thph.*, à moins de scander et de chanter: _∪∪ : ⊔ : _ _ : _

v. 3, str. IV de *Théod.*, corrigez ὅτι πρόκειται πᾶσι en πρόκειται [3] ὅτι πᾶσι.

---

[1] Le cod. Δ. β. *II* de *Gr.* donne Ὁ θειότατος Μωσῆς προετυπώσατο, ce qui sonne mieux que le texte imprimé, sans satisfaire cependant les exigences du *heirmos*. Le cod. *Vat. gr. 771*, écrit de St. Nile, fondateur de Grottaferrata, ne contient aucun des *heirmoi* de ce canon. Faut-il en conclure qu'ils ne sont pas authentiques?

[2] Les copistes et, avant eux, les chantres ont pu très facilement substituer à l'expression τῷ ἀπροσίτῳ φάει cette autre τῷ ἀπροσίτῳ φωτί, consacrée par l'usage de la Sainte Ecriture, et par celui d'une foule de tropaires et de prières quotidiennes, p. e. l'Εὐχή (Oratio) de Primes et de Sextes, 2ᵈ στιχηρὸν ἀναστάσιμον des Vêpres du 2ᵈ mode plagal etc. etc.

[3] Les codd. *Vat. gr. 769, 771* et *Gr.* Δ. β. *II* et *VII* donnent la variante πρόεισι, qui rappelle le début de l'hymne latine « Vexilla Regis *prodeunt* ».

v. 4, str. II de *Pâques*, corrigez ἑορταζέτω δὲ κόσμος en κόσμος ἑορταζέτω δέ [1].

v. 5‒6, str. III de la *Croix*, corrigez ἄξιον προςκυνητὴν | αἰνέσεώς σου en ἀξιῶν προςκυνητὴν | κάμὲ γενέσθαι, version fournie par le cod. *Vat. gr. 769.*

v. 6, str. II de *Pâques*, lié par sa première syllabe χαί au v. 5, devra se scander et chanter un peu différemment du *heirmos*:

$$(\_\;\|)\;\smile\;\smile\;:\;\_\;\_\;|\;\_ \qquad\qquad \_\;:\;\_\;\;\smile\;\smile\;|\;\_$$
(χαί‖)ρετε, φάσκοντα au lieu de Χριστὸς ὁ Θεός.

v. 8, str. I de *Nic.*, suppléez un mot dissyllabe, comme πᾶσι, devant Λόγον.

v. 8, str. III de *Nic.*, supprimez l'article τῷ devant Λέοντι.

IIIᵉ Ode (Ὠιδὴ γ΄).

On rencontre dans les strophes de cette ode des irrégularités de rythme et d'accents particulièrement choquantes, telles que Δεῦτε contre Στερέωσον (1ᵉʳ vers), μόνος γάρ et ἄχραντε contre μεγάλυνε et κροτοῦντες (5ᵉ vers). Quel sera le moyen pour les faire disparaître? Sera‒ce la correction? Mais on cherche, comme de juste, à l'éviter aussi longtemps qu'elle ne s'impose pas, surtout lorsque, comme ici, elle est, malaisée à appliquer. Reste la τονή; elle se recommande d'autant plus qu'il suffit d'elle pour aplanir presque toutes les inégalités. Ensemble avec l'eurythmie, elle déterminera la nature des pieds et des vers et, conséquemment, la forme du schéma rythmique.

Les vers seront du genre trochaïque (γένος διπλάσιον, en musique ³/₈ ou ⁶/₈) mélangé, dans la mélodie athonienne, du genre logaède (‒⌣⌣, en musique ♪.♪♪). Ils sont agencés de manière à former une seule période, d'après le schéma suivant:

---

[1] Cette position retardée de δὲ est très fréquente dans les tropaires. — Dans la str. I de *Théod.* le 4ᵉ vers est ζωῆς ἀνέτειλεν αὐγή; le mot βίου au lieu de ζωῆς donnerait une meilleure accentuation.

$$
\begin{array}{ll}
1.\left\{\begin{array}{l}\llcorner \ \ | \llcorner \ : \_\cup| \sim\cup\ ^1 \\ \llcorner\ \ |\llcorner\end{array}\right. & 1.\left\{\begin{array}{l}4\ \ a \\ 2\ \ b\end{array}\right. \\[4pt]
2.\left\{\begin{array}{l}\_\cup\ |\sim\cup: \llcorner\ \ |\_ \\ \cup:\_\cup\ |\llcorner\ :\llcorner\ \ |\_\wedge\end{array}\right. & 2.\left\{\begin{array}{l}4\ \ c \\ 4\ \ d\end{array}\right. \\[4pt]
3.\left\{\begin{array}{l}\cup\cup\cup|\_\cup:\llcorner\ \ |\_ \\ \cup:\cup\cup\cup|\_\cup:\_\cup|\_\wedge\end{array}\right. & \begin{array}{l}3.\ 4\ \ c \\ 4.\ 4\ \ d\end{array} \\[4pt]
5.\left\{\begin{array}{l}\llcorner\ \ |\llcorner\ \cdot \\ \_\cup\ |\llcorner\ :\llcorner\ \ |\_\wedge\end{array}\right. & 5.\left\{\begin{array}{l}2\ \ b \\ 4\ \ a\end{array}\right.
\end{array}
$$

1. { Δεῦτε, πόμα πίωμεν
   καινόν,

2. { οὐκ ἐκ πέτρας ἀγόνου
   τερατουργούμενον,

3. { ἀλλ' ἀφθαρσίας πηγὴν

4. { ἐκ τάφου ὀμβρήσαντος Χριστοῦ,

5. { ἐν ᾧ
   στερεούμεθα.

Ce schéma présente une période antithétique–palinodique composée de huit membres. Les quatre membres extérieurs, constituant deux groupes de la forme 4+2. 2+4, se répondent par antithèse comme la figure le fait voir; les quatre membres intérieurs, également groupés deux à deux (4+4. 4+4), se répondent palinodiquement de manière à ce que le cinquième membre réponde au troisième, le sixième au quatrième. La correspondance du 4e et du 6e membre (vers 2[b] et 4) est signalée techniquement par le levé (ἀνάκρουσις) par lequel ils débutent l'un et l'autre. Il est vrai que, dans le quatrième

---

[1] Dans la mensuration palinodique, les vers 1 et 5 présenteraient la forme métrique suivante : ⌊ | ⌊   { Δεῦτε,
     _⌣|~⌣: ⌊ | _∧ } πόμα πίωμεν καινόν...
     ⌊ | ⌊   { ἐν ᾧ
     _⌣| ⌊ : ⌊ | _∧ } στερεούμεθα
C'est pour simplifier l'aspect et l'ordonnance des schémas à vers trochaïques et iambiques que j'ai maintenu partout la subdivision en dipodies ou mètres (indiquée par :), même là où l'accentuation semblait demander la subdivision en tripodies.

membre, représenté par le mot τερατουργούμενον, la seconde syllabe ρα pourrait être mesurée en brève, de sorte que le membre commencerait par le frappé: τερᾰτοῦργοῦμενον. C'est ainsi que, au XIVᵉ siècle, Nicéphore, qui a en général un rythme nettement tranché, paraît avoir mesuré ce membre, en le faisant invariablement commencer par une syllabe accentuée, précédée d'une césure. Théodore fait de même, dans la seconde strophe de son canon [1]. Mais partout ailleurs, notamment dans le canon de St. Jean-Damascène, cette césure manque [2].

L'accentuation et la mensuration iambiques ◡ : ‒ proposées dans le schéma, sont requises par l'eurythmie: le quatrième membre doit par son accentuation ascendante faire pendant au sixième membre qui autrement serait le seul vers iambique de la strophe, sans qu'on en voie un motif suffisant. Cette mensuration s'appuie d'ailleurs sur l'autorité du *Pal.* offrant une note longue (κλάσμα) sur la seconde syllabe ρα de τερατουργούμενον.

C'est pourquoi la mélodie « restaurée » (voir p. 88) a été adaptée à cette façon de rythmer; elle peut néanmoins s'appliquer aussi aux vers de Nicéphore à accentuation tonique trochaïque, vu que l'accent tonique trouve une expression suffisante dans l'intonation plus aigue ménagée sur cette syllabe.

La τονή sur le mot καινόν, qui par là prend une plus grande importance, est basée sur la version mélodique du manuscrit athonien, présentant trois notes sur la syllabe και. Elle est de plus confirmée par la césure précédant les

---

[1] Il dit ὕδωρ φθειρόμενον. Dans la strophe VIᵉ en revanche on trouve σεμνὴ ἑώρακεν, de sorte qu'on est à se demander si, dans le 1er cas, le poète n'a pas écrit ὑγρόν au lieu de ὕδωρ ?

[2] De là l'absence du point ou astérisque de séparation et la réunion des deux membres en un seul vers dans l'édition de la Propagande d'accord en cela avec les manuscrits.

deux dernières syllabes dans toutes les strophes, excepté dans la strophe VI de *Thd.*: Ἐν βάτῳ Μωσῆς σου τυπικῶς, où encore elle est aisée à obtenir en transposant les mots comme suit: Τυπικῶς ἐν βάτῳ σου | Μωσῆς [1]. La prolongation (τονή) sur le groupe ἐν ᾧ, septième membre (début du v. 5), s'impose de son côté par la nécessité de remédier aux écarts rythmiques apparaissant dans les strophes. Combien d'ailleurs ce relief résultant naturellement de la τονή, convient précisément au sens de l'un et de l'autre de ces deux termes qui se font écho en quelque sorte en proclamant l'un le caractère, l'autre le sentiment exceptionnels et propres du mystère de Pâques, corrélation de sens qui trouve justement son expression dans la forme rythmique [2].

Outre l'intérêt esthético-mathématique, si je puis m'exprimer ainsi, que présente certainement ce schéma, il offre, lui aussi, comme celui de la 1ère ode, l'avantage précieux de réunir en un même accord presque toutes les inégalités de rythme apparaissant dans les strophes. Il en reste cependant quelques unes qui ne peuvent disparaître que par la correction, quelque soit d'ailleurs la manière de rythmer l'ensemble de la strophe. Telle est la suivante:

v. 4, str. II de *Théoph.*, corrigez χόρευε en ἀγάλλου.

En fait de corrections désirables plutôt que nécessaires, je signalerai les deux suivantes:

v. 2, str. V de *Thd.*, corrigez Θεὸν ἄναρχον en σὲ τὸν ἄναρχον.
v. 5, str. I   „   „   καὶ σώσας en σώσας καί (ou τε).

---

[1] Il faut y ajouter la strophe II du même canon: Πάλαι ὃν ἐτύπου Μωϋσῆς. La césure s'y obtient en corrigeant le vers en Πάλαι ὃν ἐτύπωσε Μωσῆς.

[2] C'est cette corrélation toute naturelle qui m'a fait préférer la correspondance antithétique (4 + 2. 2 + 4) des quatre membres extérieurs à la correspondance palinodique (2 + 4. 2 + 4) également admissible de par la constitution métrique des membres, comme chacun peut le voir.

On pourrait opposer au schéma ci–dessus exposé, que les notes tenues (τοναί) au début du 1er et du 5e vers ne sont pas suffisamment fondées dans les manuscrits notés.

Je répondrai par la remarque que j'ai déjà eu l'occasion de faire, à savoir que les manuscrits sont manifestement incomplets dans leurs indications dynamiques.

Si toutefois on préférait réduire la durée temporaire de ces syllabes à une valeur plus simple, on aurait, dans les passages présentant des divergences d'accentuation de strophe à strophe, à choisir entre l'accentuation ascendante ou iambique et entre l'accentuation descendante, par exemple dactylique: car l'une et l'autre sont également représentées dans les passages équivoques en question. Il resterait ensuite à corriger les vers revêches au rythme choisi.

Dans la première alternative, si l'on choisit pour norme l'accentuation iambique, les membres intérieurs resteraient invariables, tandisque les membres extérieurs se réduiraient de quatre à deux seulement, chacun de quatre pieds, de la forme suivante, v. 1: ‿ː‿‿‿ | ‿‿ː ‿‿ | ‿ , v. 5: ‿ː‿‿‿ | ‿ː‿ | ‿ ou mieux ‿ | ‿‿‿ː ‿‿ | ‿ , seule forme possible dans plusieurs tropaires.

Le schéma ainsi modifié réclamerait entre autres les changements suivants: Le mot Δεῦτε au début de plusieurs strophes devrait se corriger en la forme attique Δευρί. Le 1er vers de la strophe IV de *Thd.* prendrait la teneur: Ἀγνοῖς ὀφθαλμοῖς καὶ χείλεσιν; ailleurs, comme à la strophe III de *Thd.* Πάλαι ὄν, il suffirait de simples transpositions de mots: Ὄν πάλαι etc. Cependant, hâtons–nous de le dire, le 1er vers du canon de *Nic.* résiste absolument à l'application du rythme iambique.

Il faudrait conséquemment s'arrêter à la seconde alternative, c'est–à–dire au rythme descendant, et de préférence au rythme dactylique. Il serait aisé de réduire le *heirmos* à un schéma en soi suffisamment régulier, tel que le suivant:

```
1.    ⏑⏑ ⏑⏑ : _  _ : _ _ : _ ⏗      4  a
2. {   _  _ : _  ⏑⏑ : ⎣  : _        |4  b|
   {  _ : _  _  |_  _ : _ ⏗         |3  c|
3. {   _  ⏑⏑ : ⎣    : _ _ : _       |4  b|
4. {  _ : _  ⏑⏑ | ⏑⏑ ⏑⏑ : _ ⏗       |3  c|
5.    _  _  _ : _  _ : _ _ : _ ⏗    4  a
```

On le.voit, le schéma garderait sa forme antithétique-palinodique [1]. Cependant son application aux strophes réclamerait de son côté des corrections assez sensibles, dont voici quelques exemples :

Νῦν πάντα πεπλήρωται [2] à changer en Πάντα νῦν...

Στερέωσον Δέσποτα   „   „ Δέσποτα στερέωσον

Κροτοῦντες ἐν ᾄσμασιν   „   „ Ψάλλοντες ἐν ᾄσμασιν (?)

Τὸ φέγγος ἀστράψαντος   „   „ Φέγγος ἀπαστράψαντος (?) etc. [3]

Le 5e vers du canon de Nicéphore ne supporte l'application de ce schéma dans aucune de ses quatre strophes.

Ces nombreuses et graves corrections nécessitées par les deux derniers schémas doivent arrêter nos préférences sur le schéma exposé en premier lieu.

IVe ODE (Ὠιδὴ δʹ).

Si le caractère rythmique du 3e *heirmos* pouvait nous tenir en suspens, celui du 4e se dessine en revanche très nettement ; ce sont bien des vers trochaïques constituant le schéma suivant :

---

[1] On pourrait réduire les quatre membres intérieurs à deux seulement, chacun de six pieds.

[2] Ce même vers se trouve dans le κανὼν τῆς Θεοτόκου de l' Ὀκτώηχος, ἦχ· πλ. δ, vendredi, 7e ode, str. II : (I) Νῦν πάντα πεπλήρωται (2) φωτὸς τοῦ θείου κλ.

[3] Les changements, déjà signalés comme recommandables, de καὶ σώσας en σώσας καί, et de Θεὸν ἄναρχον en σὲ τὸν ἄναρχον, seraient ici de rigueur.

(L.) 1. ∪∪∪ | _ ∪ : _ ∪ | L
2. ∪∪∪ | _ ∪ : _ ∪ | _ ∧
3. | L | L
3-4. | _ ∪ | _∪ ∪ : L | _ ∧
5. | _ ∪ | _ ∪ : _ ∪ | L
6. ∪∪∪ | _ ∪ : _ ∪ | _ ∧
7. | L | L
8. ∪∪∪ | _∪ ∪ : L | _ ∧
(II.) 9. ∪∪∪ | L : _ ∪ | L
10. ∪∪∪ | L : L | _ ∧

(I.) 1. |4 a}
2. |4 a} α
3. |2 b}
3-4. |4 c} β .
5. |4 a}
6. |4 a} α
7. |2 b}
8. |4 c} β
(II.) 9. |4 a} (ou d)
10. |4 a}   (d)

1. { Ἐπὶ τῆς θείας φυλακῆς
2. { ὁ θεηγόρος Ἀββακοὺμ
3. { στήτω
4. { μεθ' ἡμῶν, | καὶ δεικνύτω
5. { φαεσφόρον Ἄγγελον
6. { διαπρυσίως λέγοντα·
7. { σήμε-
8. { ρον | σωτηρία τῷ κόσμῳ,
9. { ὅτι ἀνέστη Χριστὸς
10. { ὡς παντοδύναμος.

Ce schéma comprend deux périodes d'inégale grandeur. La plus grande embrasse les vers 1 à 8, la plus petite les vers 9 et 10. La première peut se définir une période *palinodique* composée de quatre couples de membres répétés, de la forme mathématique a+a. b+c. a+a. b+c, ou mieux, une période *stichique-palinodique*. Car les deux premiers membres a+a, étant égaux entre eux, sont de l'ordre dit *stichique*. Nous avons donc là en réalité deux périodes enlacées l'une dans l'autre, l'une *stichique répétée* (des membres égaux se répétant) : a+a (vers 1-2)... a+a (vers 5-6)..., l'autre simplement *palinodique* (des membres inégaux se répétant dans le même ordre) : ... b+c ... b+c.

La petite période finale embrassant les vers 9 et 10 est *simplement stichique*, c. à. d. formée de deux membres égaux se succédant immédiatement : d+d. Elle renferme des éléments des divers groupes précédents, et convient donc parfaitement pour conclure la strophe entière. Toutefois comme les deux membres qui la composent ont une ressemblance plus accentuée avec le groupe a+a et lui sont équivalents, il est permis aussi de les mettre en relation avec ce groupe même et de les rattacher ainsi comme un chaînon de plus à la grande période. Toute la strophe ne constituerait alors qu'une seule période *stichique-palinodique* de la forme mathématique : a+a. b+c. a+a. b+c. a+a.

On le voit, le schéma est combiné d'une façon à la fois simple et intéressante. Il se dégage tel quel, d'une part, des mélodies traditionnelles, principalement de celle de Sicile, d'autre part, — faut-il le répéter? — de l'application du double principe de l'*eurythmie* et de l'*uniformité* de rythme des tropaires. C'est cette uniformité qui a nécessité par exemple la τονή (tenue) sur les deux syllabes constituant le membre 7. Car, comment remédier autrement à des écarts d'accent comme les suivants rencontrés dans les diverses strophes : Σήμερον (dans plusieurs strophes), σύνθρονον, μείνασα, οὗτος γάρ, contre χηλῖδος, καὶ αὖθις, ὁρῶντες, ἐν φόβῳ etc.

Si le principe d'*uniformité* exige l'application de la *tenue* au groupe 7, le principe d'*eurythmie* la demande sur le groupe 3, qui lui répond comme mélodie et comme rythme. D'ailleurs le manuscrit hagiorite, se complétant ici lui-même dans les deux *heirmoi* de Pâques et de la Croix, indique des notes longues sur l'une et l'autre syllabes de ce groupe. Les autres tenues sont également justifiées par les indications musicales des manuscrits.

Un schéma aussi caractéristique et aussi nettement tracé fait voir facilement les erreurs qui se sont glissées dans le texte des strophes, et qui se rectifient le plus souvent par la simple transposition des mots. Et il n'y a rien d'étonnant à cela: l'application du *heirmos* et de son rythme poétique nécessite souvent des inversions de mots un peu insolites, qui ont pu surprendre les copistes et qui auront ainsi amené

la rédaction des textes que nous nous efforçons de corriger.
C'est le cas p. e. du vers 1 de la str. II de *Pâques,* changé
comme on peut le voir dans la liste ci-jointe des rectifications:

v. 1 str. II de *P.*, corrigez Ἄρσεν μὲν ὡς μὴ διανοῖξαν [1] en
Ἄρσεν ὡς διανοῖξαν μέν.

v. 5 de la même strophe, la transposition ἀμνὸς προςηγόρευται
en προςηγόρευται ἀμνός donne une accentuation plus en harmonie
avec celle du *heirmos.*

Le vers 5 dans le *heirmos* de la *Croix* est συνέστειλεν καὶ ἔκρυ-
ψεν, ce qui ne s'accorde pas avec le rythme du *heirmos* pascal,
« φαεσφόρον Ἄγγελον „. Le Heirmologion du mont Athos offre la
variante συνέστειλεν ἥλιος; en intervertissant l'ordre des mots: ἥλιος
συνέστειλε on obtient le rythme voulu et un sens parfait [2].

v. 7-8, *heirmos* de la *Croix,* omettez l'article τήν: ἐν φόβῳ (τὴν)
σὴν μακροθυμίαν.

Aux mêmes vers 7-8, str. II du canon de la S. V., lisez σήμερον
εἰς π α ν τ ὸ ς σωτηρίαν au lieu de εἰς πάντων (παντός = κόσμου).

v. 8, str. III de *Nic.*, corrigez ἐναντίον en ἀντίον.

v. 9-10, str. II de la *Croix,* les imprimés ont: (9) ἡ τυραννὶς
τοῦ ἐχθροῦ (10) θανάτῳ λέλυται. Le mot θανάτῳ (sousentendu
Χριστοῦ) est ici datif de moyen. Les Triodia de *Grottaf.* Δ. β· *II*
et *VII* donnent θανάτου, apposition à ἐχθροῦ. Le rythme réclame
θ ά ν α τ ο ς, apposition à τυραννίς, correction qui fournit en même
temps un très bon sens. Cette strophe qui se rapporte d'ailleurs
toute entière à la Pâque et non à la Croix, manque dans le cod.
Vat. gr. 769 (dans cet office).

---

[1] Telle est la version que l'édition de la *Propagande* (Πεντηκοστάριον, Romae 1883) donne à ce vers à la p. 8 (jour de Pâques), tandisque, p. 217 (Κυρ.
τῆς Σαμαρείτ.), p. 268 (Κυρ. τοῦ Τυφλοῦ) et p. 296 (veille de l'Ascension), la même
édition porte: .... ὡς μὴ διανοίξας, et p. 97 (Κυρ. τῶν Μυροφ.) et p. 151 (Κυρ. τοῦ
Παραλύτου): Ἄρσεν μὲν ὡς διανοῖξαν, comme les autres éditions. La négation μή est
superflue, tant au point de vue du sens que surtout au point de vue du rythme.

[2] Cf. le κανὼν τοῦ Παραλύτου dans le Πεντηκοστάριον ode 3, str. II, et ode 7,
str. II, où nous trouvons la même idée et presque la même expression: « ἥλιος...
τὸ φῶς συνέστειλε, et φῶς συνέστειλεν ἥλιος, le soleil a comprimé sa lumière ou ses
rayons »; item la 8e ode, str. II du 2d Τριῴδιον de la Δ' τῆς Τυρινῆς: « αἱ αὐγαὶ
τοῦ ἡλίου συνεστάλησαν φόβῳ » (cf. le canon τῶν Μυροφόρων, 8e ode, str. II, v. 1
dans le Πεντηκοστάριον de la *Propagande*, p. 105), tandisque le 2d tropaire après
la β' στιχολογία du vers de l'ἦχ· γ' de la Παρακλητική remplace συστέλλω par ἀπο-
κρύπτω: « ...τότε καὶ ὁ ἥλιος | τὰς ἀκτῖνας ἀπέκρυψε ».

v. 9-10, str. VII de la *Croix*, le ms. Δ. β. *VII* de *Grottaferrata* nous donne la correction suivante: ὁ γεννηθεὶς γὰρ Θεὸς | ἐκ σοῦ, πανάμωμε au lieu de ὁ γεννηθεὶς γὰρ ἐκ σοῦ | Θεὸς, πανάμωμε.

Vᵉ ODE (Ὠιδὴ ε′).

La mesure de cette ode, comme celle de la 3ᵉ, reste indécise entre le genre trochéo-iambique et le genre dactylo-anapestique.

A la vérité, on eût aimé entendre le rythme binaire après le rythme ternaire employé dans les odes précédentes, et qui se retrouve encore dans plusieurs *heirmoi* suivants. De fait, l'essai tenté pour scander la strophe en pieds anapestes et dactyles réussit sans grande difficulté, et n'a plus qu'à subir l'épreuve de la mise en schéma. Cependant la mesure ternaire est tout aussi facile à appliquer et, comme elle facilite particulièrement la réduction de la strophe en un schéma régulier, elle mérite, pour ce motif, d'être également prise en considération.

D'ailleurs le fréquent emploi du rythme ternaire dans les hymnes grecques, n'a rien qui doive surprendre, si l'on se souvient que le même rythme prédominait aussi dans la musique latine du moyen âge. « Par une singularité dont on ne trouve pas une explication satisfaisante dans les auteurs du temps, la *mesure ternaire seule* était employée dans la musique harmonique des XIIᵉ et XIIIᵉ siècles ; la mesure binaire en était exclue. C'est là un fait qui avait échappé à l'attention de tous ceux qui s'étaient occupés de la musique de cette époque ». C'est ainsi que s'exprime un musicologue des plus compétents en la matière [1]. Certes,

---

[1] De Coussemaker *L'art harmonique aux XIIᵉ et XIIIᵉ siècles*, Paris, Didron 1865 p. 114-115. Cf. aussi Hugo Riemann *Geschichte der Musiktheorie*, Leipzig, 1898. — La question de savoir lequel des deux genres de mesures, binaire ou ternaire, est historiquement antérieur et surtout est plus naturel en soi, n'est pas aussi facile à résoudre que le semble penser ce dernier écrivain, d'ailleurs fort sérieux.

ce fait ne peut s'attribuer uniquement, comme d'aucuns ont essayé de le faire, à l'influence des tendances et des idées mystiques de l'époque, inclinée à voir et à mettre partout le nombre symbolique de la St. Trinité, mais, doit s'attribuer, en partie du moins, à l'impulsion imprimée à l'art musical par une tradition antérieure. Quelle que soit, du reste, la mesure qu'on voudra appliquer au *heirmos,* elle déterminera toujours le schéma rythmique dont l'image plus ou moins régulière donnera la mesure de sa propre légitimité. La strophe présentera ainsi l'un ou l'autre des deux schémas suivants:

A. — *Mesure ternaire.*

1. Ὀρθρίσωμεν
2. ὄρθρου βαθέος,
3. καὶ ἀντὶ μύρου
4. τὸν ὕμνον προςοίσω-
   μεν τῷ Δεσπότῃ,
5. καὶ Χριστὸν ὀψόμεθα,
6. δικαιοσύνης ἥλιον,
7. πᾶσι ζωὴν | ἀνατέλλοντα.

Notons ici de suite que le vers 3 et le vers 7 peuvent et probablement doivent recevoir une mensuration plus lente, à savoir le vers 3 : ⌞ ∣ _∪⋮⌞ ∣ _, et le vers 7 : celle indiquée en second lieu. Au lieu de remplir le rôle d'ἐπῳδικόν, ce dernier vers constituerait alors une nouvelle période, III: 4+4, ainsi que nous allons le voir en détail.

B. — *Mesure binaire.*

La mesure ternaire fournit un schéma de deux ou peut-être, comme je viens de l'insinuer de trois périodes.

La première période, embrassant les vers 1 à 4, se compose de cinq membres dont quatre, groupés deux à deux, se répondent palinodiquement, tandisque le cinquième forme un μεσῳδικόν qui sépare les deux couples. Ce *mesodicon* peut se mesurer en 3 ou en 4 pieds ; toutefois, la mensuration en 4 pieds semble préférable, d'abord parce qu'elle obvie à une accentuation moins régulière apparaissant, autrement dans certaines strophes [1], et ensuite aussi parce qu'elle est plus conforme à l'eurythmie, ainsi que nous allons le voir.

Restent les trois vers 5-7. Ils peuvent donner lieu à trois différentes formes schématiques et, conséquemment, à une ou deux périodes, suivant la mesure appliquée au dernier vers 7. En ne donnant à celui-ci que quatre pieds, les trois vers constitueront une seule période antithétique-mésodique de la forme : 4. 4. 4. [2]. Si le même vers est mesuré en six pieds, on obtiendra une période *stichique* formée des vers 5-6, ayant pour ἐπῳδικόν ou coda le vers 7 :
4+4. 6.

---

[1] P. e. dans le *heirmos* et dans la Ve strophe de la *Croix :* μιᾶς οὐσίας, Σωτὴρ τοῦ κόσμου.

[2] Au point de vue purement schématique cette façon de rythmer satisfait peut-être davantage, pour la raison surtout que le vers 6, le seul des trois commençant par un levé, se désigne en quelque sorte lui-même au rôle mésodique. Cependant les notes longues indiquées dans le manuscrit athonien, d'une part, et, d'autre part, le rôle de membre final semblent exclure pour le vers 7 un rythme aussi rapide qu'il résulterait de la réduction à quatre pieds.

Enfin, si l'on mesure le vers 7 en huit pieds, en appliquant la τονή aux quatre premières syllabes, on obtiendra deux périodes distinctes, du genre *stichique* toutes les deux, de la forme 4+4, dont la seconde est formée du vers 7 tout seul. Cette façon de rythmer a été suivie dans la mélodie « restaurée », et elle semble préférable pour plusieurs motifs : d'abord pour une raison d'eurythmie ; car les vers 5 à 7 comprennent ainsi en tout 16 pieds, c. à. d. tout juste autant que la première période, si toutefois l'on assigne au *mesodicon* de celle-ci quatre pieds (plutôt que trois seulement), comme il a été proposé. En outre les indications mélodiques du manuscrit athonien [1] sont suffisamment favorables à cette mensuration, et le besoin de variété, et les mots à sens plein et emphatique, placés dans presque toutes les strophes au début de ce vers et suivis souvent d'une césure, la recommandent encore davantage.

Cette division en trois périodes de forme et d'étendue inégales fait écho à trois phases de sentiments développés dans le contenu. Les âmes des chrétiens célébrant dans de saintes veilles le mystère de la Résurrection y sont comparées aux Μυροφόροι Γυναῖκες, aux femmes qui s'en allaient de « grand matin » porter leur parfums au tombeau du Sauveur. Or, les vers de courte haleine se succédant dans la première période, les syllabes rapides alternant avec des tenues, tout cela semble devoir symboliser le mélange d'agitation et d'hésitation qui remplissait le cœur des saintes femmes au début de leur course nocturne ou, si l'on veut, « matinale » ὄρθρου βαθέος (vers 1–4). Chemin faisant ces sentiments cèdent à une confiance qui va

---

[1] La 3ᵉ syllabe est la seule des quatre qui n'y porte pas d'indication dynamique. Les deux premières y portent des signes de prolongation, la 4ᵉ un ψηφιστόν, caractère qui, d'après toutes les expériences que j'ai pu faire, a dû, dans la tradition byzantine, marquer souvent une note tenue, et·non pas exclusivement une note forte.

s'affermissant de plus en plus : de là le mouvement plus décidé des dimètres trochaïques réguliers (vers 5–6) : « Καὶ Χριστὸν ὀψόμεθα, et nous verrons le Christ ». Ainsi se prépare le dénouement qui se produit dans l'épanouissement d'une joie à la fois admirative et triomphante dont l'accent vibre dans les notes tenues et fortement rythmées de la période finale (vers 7).

La mesure en rythme *binaire* permet de construire une seule période antithétique mésodique qui donnerait à la strophe la forme poétique suivante :

　1_2. Ὀρθρίσωμεν ὄρθρου βαθέος,
　3_4. καὶ ἀντὶ μύρου τὸν ὕμνον προςοίσωμεν
　　　　τῷ Δεσπότῃ,
　5_6. καὶ Χριστὸν ὀψόμεθα, δικαιοσύνης ἥλιον,
　7. πᾶσι ζωὴν ἀνατέλλοντα.

On le voit, trois fois deux vers s'unissent pour former chaquefois un seul membre rythmique, tandisque le petit membre τῷ Δεσπότῃ (fin du vers 4), qui dans le schéma ternaire répondait symétriquement au vers 2 (ὄρθρου βαθέος), devient maintenant μεσῳδικόν.

Quoique ce schéma binaire présente lui aussi, en soi une forme suffisamment régulière, il a cependant en sa défaveur, qu'il s'écarte notablement de la division traditionnelle des vers ; de plus, il ne s'adapte pas à toutes les strophes : celles de Nicéphore p. e., au 6e vers, ne peuvent s'y réduire.

Terminons cette trop longue analyse par la liste des rectifications du texte, qui semblent s'imposer, quelque soit le schéma que l'on veuille y appliquer.

Le vers 6 de la strophe II de *Pâques :* Χριστέ, ἀγαλλομένῳ ποδί, a une syllabe de trop. La teneur se rattachant au vers précédent a dû être, à n'en pas douter, comme suit : (5) πρὸς τὸ φῶς ἠπείγοντο (6) Χριστέ σου ἀγαλλόμενοι, c. à. d. πρὸς τὸ φῶς σου, Χριστέ, κλ. Une faute analogue s'est glissée dans le *heirmos* de la *Croix,* dont le v. 7 : φῶς πρὸς ἀνέσπερον ἄγων ἡμᾶς, doit se corriger en φῶς ἀγαγὼν πρὸς ἀνέσπερον.

V. 3–4, str. III de *Thd.*, corrigez Ἀγγέλων τάξεις | σήμερον en Σήμερον τάξεις | Ἀγγέλων.

V. 4, str. IV de *Thd.*, corrigez ὡς πρὶν ξύλον en ὡς ξύλον πρίν (correction facultative dans le rythme ternaire).

V. 4, str. II de *Thph.*, corrigez μνήματος οὐκ ἔλυσας en οὐκ ἔλυσας μνήματος.

VIᵉ Ode (Ὠιδὴ ϛ').

Le rythme binaire donné par les musiciens néogrecs à cette strophe (comme d'ailleurs à toutes les autres), pourra lui être appliqué peut-être légitimement; mais certainement pas de la manière dont ils l'ont fait. Car l'eurythmie et l'uniformité de rythme dans les strophes, lois fondamentales s'il en est, y sont constamment violées. Et cependant ces lois se trouvent mises en œuvre en cette strophe d'une façon particulièrement palpable, surtout lorsque, en l'analysant, on s'en tient au rythme ternaire. Ce rythme semble en effet convenir à ce *heirmos* mieux que le rythme binaire lequel cependant n'est pas exclu d'une façon absolue.

Voici le schéma rythmique de l'un et de l'autre type :

A. — *Mesure ternaire.*

1. Κατῆλθες
2. ἐν τοῖς κατωτάτοις τῆς γῆς,
3. καὶ συνέτριψας μοχλοὺς
4. αἰωνίους, κατόχους
5. πεπεδημένων, Χριστὲ,
6. καὶ τριήμερος,
7. ὡς ἐκ κήτους Ἰωνᾶς,
8. ἐξανέστης τοῦ τάφου.

B. — *Mesure binaire.*

1.	1. (2 a)	α
2.	2. (3 b)	
3.	3. (3 c)	β
4.	4. (3 d)	
5.	5. (3 b)	α
6.	6. (2 a)	
7.	7. (3 c)	β
8.	8. (3 d)	

1. Φυλάξας
2. τὰ σήμαντρα σῶα, Χριστὲ,
3. ἐξηγέρθης τοῦ τάφου[1],
4. ὁ τὰς κλεῖς τῆς Παρθένου
5. μὴ λυμηνάμενος
6. ἐν τῷ τόκῳ σου,
7. καὶ ἀνέῳξας ἡμῖν
8. Παραδείσου τὰς πύλας.

Le schéma ternaire se compose de six dimètres trochaïques ou iambiques avec deux monomètres iambiques, le schéma binaire de six tripodies anapestiques (ou dactyliques) combinées de deux dipodies du même genre. L'un et l'autre de ces schémas représentent une seule période de quatre couples de membres rangés par ordre palinodique : α. β. α. β. Les membres qui composent les couples β, sont disposés entre eux palinodiquement[2] (se répétant dans le même ordre : vers 3-4, 7-8), et les autres antithétiquement (se répondant en sens inverse : vers 1-2, 6-5), comme l'indiquent les lettres du schéma alphabétique.

---

[1] L'accentuation paroxytone de ce mot τάφου est en opposition manifeste avec l'accentuation oxytone du *heirmos* en cet endroit.

[2] Cette disposition apparaît du moins dans la mélodie et dans le schéma métrique binaire, tandisque dans le schéma métrique ternaire, les mêmes membres des couples β, appartiennent plutôt à l'ordre stichique et donneraient lieu au schéma alphabétique suivant: a + b. c + c. b + a. c + c.

Certes, on ne peut qu'admirer l'art ou du moins l'artifice qui se révèle ici. L'ordonnance eurythmique des membres et des vers, qui trouvera plus tard son expression dans les rimes croisées et alternantes, est réalisée ici par la structure interne même des membres au moyen de quantités temporaires, non des syllabes en elles-mêmes, mais des sons de la musique appelés à les orner et à en renforcer l'expression. La technique mise en œuvre par l'hymnographe est donc celle de l'antiquité, sauf la quantité ou prosodie des syllabes qui est négligée ou subordonnée à l'accent tonique.

Le fait de cet artifice d'une correspondance double des membres se manifeste et se confirme par un détail technique qui mérite d'autant plus d'être signalé que de lui-même il semblerait de nature à dérouter les premiers efforts faits pour dégager un schéma régulier: c'est la variété dans le début des vers, commençant tantôt par le levé, tantôt par le frappé. Or, en regardant de plus près, on constate que les vers à correspondance antithétique commencent tous par le levé, ceux à correspondance palinodique par le frappé. Cette coïncidence ne peut être le fait du hasard, mais doit être le fait de la volonté du poète-musicien préoccupé à rendre ces rapports mathématiques et d'ordre intellectuel plus sensibles à l'œil et à l'oreille.

Cette distinction dans le début des vers apparaît très nettement dans le schéma ternaire: ce schéma doit, pour ce motif, être préféré. Une autre raison qui milite en sa faveur, se trouve dans la facilité avec laquelle il obvie à des inégalités de rythme apparaissant dans quelques strophes et quasi irréductibles dans le schéma binaire. On en trouve un exemple frappant dans le 3e vers de la strophe II de *P.* (transcrite, pour ce motif, au dessous du schéma) et dans le *heirmos* de la Croix, où les mots τάφου et κήτους répondent au mot μοχλούς du *heirmos*. Tandisque le rythme binaire n'offre ici d'autre ressource que la correction des deux mots, τάφου en ταφῆς, κήτους en θηρός [1], le rythme ternaire, au contraire, permet d'appliquer la τονή à l'avant-dernière syllabe et de concilier ainsi des exigences d'accentuation à première vue incompatibles. C'est l'application de la τονή, autorisée du reste par le texte musical de *Pal.* et de *Gr.*, qui a déterminé ultérieurement la forme métrique particulière donnée à ce vers 3, ainsiqu'au vers 7 qui lui répond [2].

Outre les deux vers qui ne sont sujets à rectification que dans le rythme binaire, plusieurs autres réclament, dans tous les cas, des amendements, mais de moindre importance et aisés à réaliser.

vers 2, str. IV de la *Croix,* corrigez ξύλον τῷ σῷ ἄρτῳ βληθέν en τῷ ἄρτῳ σου ξύλον βληθέν ou en ἐν ἄρτῳ σῷ ξύλον βληθέν [3]. Cette strophe manque du reste dans le *Vat. gr. 769.*

v. 4, str. I de la *Croix,* corrigez ἐκ τῶν τοῦ ᾅδου en ἐκ τῶν ᾅδου, d'après le cod. *Vat. gr. 771.*

v. 7, str. III de *P.,* corrigez παγγενῆ τὸν Ἀδάμ en παγγενῆ κ α ὶ τὸν Ἀδάμ.

v. 7, str. II de *Thph.,* corrigez ἑαυτῷ τὸν Ἀδάμ en ἑαυτῷ κ α ὶ τὸν Ἀδάμ.

v. 1, str. III de *P.,* corrigez Σῶτέρ μου en Σωτήρ μου, version des manuscrits *Vat. gr. 771, Reg. 58* etc., grammaticalement admise et plus conforme au rythme des autres strophes.

Il faut signaler aussi des *contractions* ou synérèses qui ont lieu dans l'avant-dernier pied du vers 2, dans les strophes III de *P.* et I de *Thph.,* et du vers 5 dans la str. II de *P.,* où le rythme

---

[1] Ce mot qui se rencontre de nouveau au vers 7 de la même strophe, pourrait y être remplacé par le mot βυθοῦ (fond, abîme): ce serait le terme général employé à la place du terme particulier.

[2] C. à. d. la mensuration _ ᴜ ᴵ ᴜ ᴜ ᴜ ᴵ ㄴ ᴵ _ au lieu de celle _ ᴜ ᴵ _ ᴜ ᴵ _ ᴜ ᴵ _ plus obvie et plus naturelle au seul point de vue du texte verbal. Du reste, cette tenue sur l'avant dernière syllabe ne nuit en rien au caractère ascendant et iambique que le texte et la mélodie conservent, on peut dire, partout, grâce à l'accent tonique: c'est presque toujours le 2d et le 4e pied qui porte l'accent principal.

[3] L'idée de la phrase est empruntée au texte bien connu du prophète Jérémie 11, 19: « Δεῦτε καὶ ἐμβάλωμεν ξύλον εἰς τὸν ἄρτον αὐτοῦ ».

du *heirmos* ⌐ 2 ⌐ 3 ∪ ⌐ 4 est modifié en ⌐ 2 ⌐ 3 ⌐ 4 ¹, avec les paroles
ἄθυτον, κρατούμενον, λυμηνάμενὸς.

Enfin dans la II\ᵉ str. de *Nic.*, le 1ᵉʳ pied du vers 2 se trouve
modifié en la forme métrique ∪ : _ ∪ au lieu de ∪ : _∪∪, à moins de
corriger ainsi le vers (dont le sens du reste est peu clair): Ὑπῆλθες
τὴν τῶν κλιμάκων φοράν en ..... [αὐ]τὴ(ν) τῶν κλιμάκων φοράν. (La
strophe décrit comment, lors d'un tremblement de terre, les habi-
tants d'une maison furent miraculeusement sauvés).

VIIᵉ ODE (Ὠιδὴ ζ').

La nature des vers constituant le *heirmos* de cette ode
ne laisse guère de doute. Ce sont, selon toute apparence,
des anapestes mêlés de leurs équivalents: dactyles, spondées,
proceleusmatiques. Ils peuvent se grouper de manière à former le schéma suivant:

1.	_ : ∪∪ ∪∪ ǀ _ ∪∪ : _ _ ǀ _	1.	4	a
2.	_ : ∪∪ _ ǀ _ _ : _ Λ ²	2.	8	b
3.	_ _ ǀ _ _ : _	3.	8 μεσ.	c
4.	_ : _ _ ǀ ∪∪ : ᴕ	4.	8	b
5.	∪∪ : _ ∪∪ ǀ _ ∪∪ : _ _ ǀ _	5.	4	a
6.	_ : _ _ ǀ _ ∪∪ : _ ³	6.	8	b
7-8.	∪∪ : _ ∪∪ ǀ ∪∪ ∪∪ : _ _ ǀ _	7-8.	4	a

---

¹ La contraction rythmique pourrait se faire aussi par la fusion de la *thésis*
du 3e pied avec le 2d pied : ⊔⊔ ∪ _, p. e. : λυμηνά - με - νος, au lieu de λυμηνάμενος. L'intention du poète-musicien à ce sujet demeure incertaine.

² Ce vers peut se mesurer encore _ : _ ∪∪ ǀ _ _ : _ Λ. La mensuration
ci-dessus a été adoptée en considération de la 1ère strophe de la Croix dont les
paroles, ὡς ὁ ὑπνῶν, Κύριε (cf. Ps. 77), s'y adaptent plus facilement.

³ Ce rythme peut être remplacé par cet autre : _ : _ ∪∪ ǀ _ _ : _
ὁ μόνος εὐ-λο-γη-τός
indiqué par une des variantes mélodiques du codex athonien; le canon de Nicéphore cependant n'admet que le rythme adopté dans le schéma.

1. Ὁ παῖδας | ἐκ καμίνου ῥυσάμενος,
2. γενόμενος ἄνθρωπος
3. πάσχει ὡς θνητός,
4. καὶ τὸ θνητὸν διὰ πάθους [1]
5. ἀφθαρσίας ἐνδύει εὐπρέπειαν,
6. ὁ μόνος εὐλογητὸς
7-8. τῶν Πατέρων | Θεὸς καὶ ὑπερένδοξος.

Toute la strophe forme une seule période de sept membres groupés en partie par ordre antithétique–mésodique, en
partie par ordre palinodique. Les cinq premiers, rangés en
deux couples autour d'un μεσῳδικόν, se répondent par antithèse : v. 1 à v. 5 et v. 2 à v. 4. Le μεσῳδικόν est formé
du vers 3, désigné à ce rôle par le début spondaïque propre
à lui seul. Le deuxième couple, v. 4-5, tout en répondant
antithétiquement aux vers 1-2, devient le point de départ
d'une amplification de la période par un troisième couple
de membres coordonnés à lui par ordre palinodique, vers 4
répondant à 6, vers 5 à 7-8. Cette ordonnance devient
possible grâce à l'union des vers 7 et 8 en un seul membre
et vers, union réalisée de fait par les imprimés dans le canon
de la Croix.

Cette forme du schéma, pour être motivée par plusieurs
raisons, n'est cependant pas la seule bonne ni même la
meilleure. Le point décisif est ici la mesure donnée aux
trois syllabes initiales du *heirmos,* qui forme comme la base
de toutes les proportions de cette strophe. Dans le schéma
elles sont mesurées brèves, tandisque les musiciens néogrecs
les prolongent. Et je suis porté à leur donner raison. Car,
bien que les indications de durée fassent ici complètement
défaut dans les manuscrits, cette lacune n'a cependant au-

---

[1] Le texte actuel : καὶ διὰ πάθους τὸ θνητόν (cf. I Cor. 15, 53-54) paraît fautif, comme nous allons voir ci-après.

cune importance positive en face des données d'une tradition orale et du bon sens musical qui ont visiblement guidé
les éditeurs modernes. Leur façon de rythmer est,.en outre,
confirmée par la césure constante observée dans toutes les
strophes après la troisième syllabe, excepté dans le *heirmos*
de la Croix où elle est aisée à établir. Or, le premier membre une fois modifié, il faut que les autres qui lui répondent
soient modifiés dans les mêmes proportions. Par conséquent
les trois membres, comprenant quatre pieds dans le schéma
ci-dessus, se divisent chacun en deux membres : 2+3 pieds,
de manière que la strophe contienne *dix* membres au lieu de
sept, disposés comme on peut le voir par le schéma suivant:

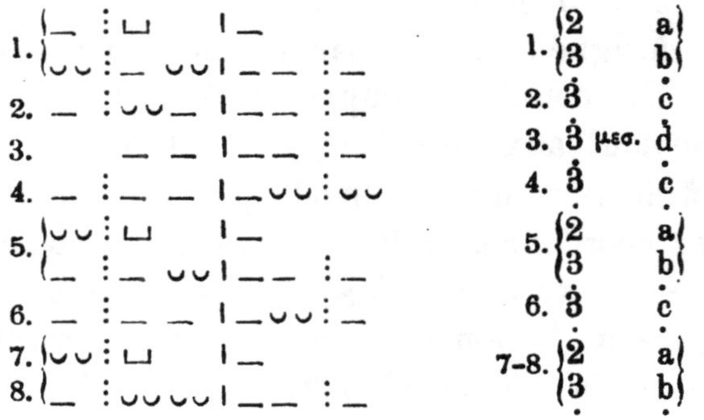

1. Γυναῖκες
   μετὰ μύρων θεόφρονες
2. ὀπίσω σου ἔδραμον·
3. ὃν δὲ ὡς θνητὸν
4. μετὰ δακρύων ἐζήτουν,
5. προςεκύνη-
   σαν χαίρουσαι ζῶντα Θεόν,
6. καὶ Πάσχα τὸ μυστικὸν
7-8. σοῖς, Χριστὲ, Μα-
     θηταῖς εὐηγγελίσαντο.

A ne considérer que le début des vers, les membres 1,
2, 3 (vers 1-2), d'une part, et les membres 5, 6, 7 (vers 4-5),
d'autre part, semblent se répondre par antithèse. Cependant,

comme structure interne, ce ne sont que les membres 3
et 5 (vers 2 et 1) qui se répondent directement par antithèse, tandisque les membres 1_2 et 6_7, réunis sans doute
pour ce motif chaque fois en un vers (1 et 5), se répondent
bien comme groupes antithétiquement, mais, pris séparément, ils se répondent palinodiquement. Du reste, les relations des membres, très ingénieuses encore ici, se voient
suffisamment par les lettres du schéma alphabétique.

Notons que la τονή attribuée aux vers 5 et 7 à l'effet de
constituer de petits membres à part, est justifiée autant par
les textes musicaux, que par les exigences de l'eurythmie,
et de plus (dans le canon de Nicéphore) par une césure régulière après la quatrième syllabe.

Les écarts de ce schéma, que l'on remarque dans le texte
des strophes, sont cette fois-ci assez nombreux, mais leur
amendement est facile et suffisamment certain.

Et d'abord, la correction du 4ᵉ vers du *heirmos* de Pâques [1] est garantie par la teneur des strophes II et IV de Pâques et de celles de la Croix. Théophane et Nicéphore en
revanche suivent déjà la teneur actuelle introduite peut être
par Théophane même (IXᵉ siècle), pour donner à ce vers la
fin oxytone qu'ont tous les autres vers de cette strophe.

Outre ces écarts dûs à une erreur volontaire ou invo-
lontaire du poète même, il faut en signaler d'autres dûs manifestement à des fautes de chantres ou de copistes, et, pour
ce motif, sujets à correction:

Au vers 2, str. III de *P.*, corrigez Ἅιδου τὴν καθαίρεσιν en καθαίρεσιν Ἅιδου τε.

v. 2, str. IV de *P.*, corrigez αὕτη ἡ en αὐτὴ ἡ.

v. 2, str. IV de la *Croix* [2], corrigez φώτισον, ἁγίασον en ἁγίασον, φώτισον.

---

[1] Correction obtenue par la transposition des mots: καὶ τὸ θνητὸν διὰ πάθους au lieu de καὶ διὰ πάθους τὸ θνητόν (voir ci-dessus p. 71 note 1).

[2] Cette strophe Ὁ μόνος ἐλεήμων manque dans les cod. Δ. β. *VII* de *Grottaferrata* et *Vat. gr. 771.* — La succession φώτισον, ἁγίασον se trouve dans le canon
de St. Spiridon, 12 déc., 1ère ode, Θεοτοκίον.

v. 2, str. VI de la *Croix*, corrigez σὺ ὑπάρχεις κήρυγμα en ὑπάρχεις σὺ κήρυγμα ou ὑπάρχεις προκήρυγμα.

v. 2, *heirm.* de la *Cr.*, corrigez σάρκα προςλαβόμενος en πρός (adv. *en outre* ou καὶ) σάρκα λαβόμενος.

v. 3–4, str. III de *P.*, corrigez ἄλλης βιοτῆς τῆς αἰωνίου ἀπαρχήν [1] en ἄλλης ἀπαρχὴν τῆς βιοτῆς αἰωνίου.

v. 4, str. IV de la *Cr.*, corrigez τοὺς προςκυνοῦντάς σου πιστῶς en τοὺς προςκυνοῦντάς σου πίστει ou τούς σου πιστῶς προςκυν...

v. 4, str. VI de la *Cr.*, corrigez στάμνος χρυσῆ, γῆ ἁγία en ἁγία γῆ, χρυσῆ (ou θεία?) στάμνος ou λυχνία, στάμνος χρυσῆ τε (ou σύ) [2].

v. 4–5, str. VI de la *Cr.*, corrigez προςηλωθείς... ἐδωρήσατο en προςηλώθη... δωρησάμενος.

v. 7–8, str. IV de *P.*, corrigez ἐκ τάφου σωματικῶς πᾶσιν ἐπέλαμψεν en τάφου σωματικῶς ἡμῖν (?) ἐξέλαμψεν ou bien en changeant aussi le vers 6: ἐκ τάφου σωματικῶς (7) ἐν ᾗ πᾶσι (8) φῶς ἄχρονον ἐπέλαμψεν.

v. 8, str. I de *Nic.*, corrigez ἀρυσώμεθα σύμπαντες en οἱ πάντες ἀρυσώμεθα.

Il faut noter finalement le vers 5 de la str. II de *P.*, où, à la fin, le rythme ⏓⏓ : ⏓ est remplacé par ⏓⏑⏑ : ⏓ avec les mots ζῶντα Θεόν, à moins qu'il ne faille lire Θεόν comme une seule syllabe.

VIIIe Ode (Ὠιδὴ η').

Quel genre de pieds et de vers rythmiques avons-nous devant nous? C'est encore ici la première question; car la nature des pieds et des vers détermine le schéma, comme réciproquement elle peut en dépendre. Il en est ainsi de l'ode qui nous occupe.

En examinant les pieds initiaux des vers dans les imprimés, nous constatons que la moitié, 1–2, 5–6, commence par le frappé — vers dactylo-spondaïques ou trochaïques,

---

[1] Ces vers se ressentent de la teneur postérieure du *heirmos:* la facilité de la correction est ici une preuve de sa légitimité.

[2] Pour la correction λυχνία au lieu de γῆ ἁγία, cf. les Θεοτοκία de la 3e ode du 2e can. du 21 nov.: «Οἱ προφῆται προεκήρυξαν κιβωτὸν... λυχνίαν καὶ τράπεζαν» et de la 1ère ode du 1er can. du 30 nov.: «...Χαῖρε, ἡ λυχνία, καὶ στάμνος χρυσῆ, καὶ ὄρος ἀλατόμητον, ἡ τὸν ζωοδότην... κυήσασα», et beaucoup d'autres encore. Peut-être aussi faut-il simplement corriger στάμνος en σταθμίς (demeure).

l'autre moitié, 3-4, 7-8, par le levé — vers anapestiques
ou iambiques. Cette distinction qui plus d'une fois déjà nous
a fait découvrir l'artifice caché dans la structure de la strophe, nous sera un précieux fil conducteur encore dans l'étude
du présent *heirmos*. Nous devinons encore être en présence
de deux périodes enlacées l'une dans l'autre. En effet, les
groupes de vers commençant par le frappé d'un côté et ceux
commençant par le levé de l'autre côté devront se corres-
pondre entre eux, pour constituer une période régulière.

Cette distinction aidera à déterminer en outre le genre
des pieds rythmiques ou de la mesure, ternaire au binaire,
propre à la strophe. Car le genre de pieds ou de mesure
qui fera le mieux ressortir cette distinction si importante,
devra certainement être préféré. Or, elle apparaît clairement
dans la mesure ternaire, tandisque, dans le rythme binaire,
elle est quasi entièrement effacée. Le lecteur pourra en juger,
en comparant les deux schémas qui suivent sous A et B.

A. — *Rythme ternaire (sous deux formes possibles)*.

1. { Αὕτη
   { ἡ κλητὴ καὶ ἁ-
2. { γία ἡμέρα,
3. { ἡ μία τῶν σαββάτων,
4. { ἡ βασιλὶς καὶ κυρία,
5. { ἑορτῶν ἑορτὴ
   { καὶ πανήγυρίς ἐστι πανη-
6. { γύρεων,
7. { ἐν ᾗ εὐλογοῦμεν
8. { Χριστὸν ¹ εἰς τοὺς αἰῶνας.

B. — *Rythme binaire.*

Dans le double schéma A il y a chaque fois quatre couples de vers qui se répondent par antithèse, à savoir les vers 6-5 aux vers 1-2, les vers 8-7 aux vers 3-4. Il faut observer toutefois que, pour que cette correspondance se réalise, le mot Χριστόν et son équivalent rythmique, ajoutés dans les strophes de Pâques au vers 7ᵉ, doivent être rejetés au début du vers 8ᵉ, ainsi que cela se voit observé dans le canon de la Croix.

La strophe peut être considérée comme étant constituée de deux périodes antithétiques enchevêtrées l'une dans l'autre, ou bien aussi comme une seule période de quatre groupes disposés par ordre palinodique sous la forme α. β. α. β., mais dont les membres constitutifs, pris séparément, se répondent par ordre antithétique.

La partie composée de vers descendants (trochaïques) admet les deux mensurations indiquées dans les deux formes

---

¹ L'édition de la Propagande joint le mot Χριστόν au vers 7.

du schéma A. La plus longue, proposée sous A. β. confère au début de cette strophe une expression particulièrement solennelle en parfaite harmonie d'ailleurs avec le sens des paroles, et pour ce motif elle sera adoptée dans la mélodie « restaurée ». Quelle que soit d'ailleurs la durée métrique que l'on voudra donner aux deux groupes trochaïques, le second, formant l'apodose, aura toujours un mouvement relativement plus accéléré que le premier qui forme la protase.

Le schéma binaire présente une période de quatre hexapodies dactylo-anapestiques, disposées par ordre antithétique. Les vers du texte édité s'y trouvent toujours accouplés deux à deux, pour former ensemble chaque fois une hexapodie et un membre de la période. La forme peu intéressante et peu nette du schéma résultant de ce procédé, en soi déjà exceptionnel et peu régulier, n'est certes pas en sa faveur. On y cherche en vain cette combinaison merveilleusement entrelacée et cependant très claire que l'on admire dans le premier schéma et qui fait honneur au disciple d'un maître qui avait pu se dire lui-même versé dans les lettres de l'antiquité classique non moins que dans la littérature chrétienne[1].

En fait d'irrégularités rythmiques qui se rencontrent dans les strophes, il y a à noter d'abord quelques vers où deux ou même trois syllabes en remplacent une seule du *heirmos,* preuve nouvelle de l'existence d'un mètre musical dans l'hymnographie grecque.

Au vers 2, str. II de *P.* et str. IV de *Thd.* les syllabes ν η μ α et πε ε μ φ α des mots γεννήματος et εἰπὲ ἐμφανῶς, remplacent

---

[1] On connaît la scène émouvante racontée par le Patriarche St. Jean de Jérusalem qui présente St. Cosmas, moine sicilien, prisonnier des Sarrasins et débarqué sur les côtes de la Syrie: comme il pleurait son sort qui le privait de la possibilité d'utiliser au profit du prochain ses vastes connaissances acquises dans les sciences profanes et sacrées, il fut cédé par le calif au père de St. Jean-Damascène pour être le précepteur de ses fils. *Vita S. Joannis Dam. a Joanne Patr. Hierosol.* (XI saec.) *conscripta,* PG. 94, 440 ss. et P a p a d o p o u l o s K e r a m e u s Ἱεροσολυμιτικὴ Σταχυολογία, t. 4, 271 ss.

l'unique syllabe με de ἡμέρα du *heirmos*. Il n'est pas improbable cependant que le vers de *Thd.* doive être corrigé par le rejet du mot εἰπέ au vers 3. Celui-ci, passible d'ailleurs d'amendement pour motif d'accentuation défectueuse, prendra alors la teneur suivante: εἰπέ· τί δὴ τὸ ξύλον au lieu de τί τὸ ξύλον ἐκεῖνο, teneur incompatible avec le rythme du *heirmos*.

Les *rectifications* du texte, réclamées par l'un et l'autre schéma rythmiques, sont généralement aisées à réaliser.

Au vers 2, str. III de *P.* supprimez le mot Σιών.

v. 3, str. I [1] de *Thd.*, corrigez τίνα δέ en καὶ τίνα.

„ str. V de *Thd.*	„	Χριστὲ, Ἰωσήφ en Χριστέ μου (?) [2].
„ str. II de *Thph.*	„	ὁ υἱός σου en ὁ σὸς υἱός.
v. 4, str. VII de *Thd.*	„	ἄνευ ἀνδρός en χωρὶς ἀνδρός.
„ str. III de *Nic.*	„	ἀλλὰ καὶ νοῦς ὁ ποῖος en ἀλλὰ καὶ ποῖος ὁ νοῦς, ὅς.
v. 5, str. VI de *Thd.*	„	οὐδέ en οὔτε.
v. 5–6, str. I de *Nic.*	„	ἀναχαιτίζει σφοδρῶς, ἐπικλήσει τῇ θείᾳ τῆς χάριτος en ἐπικλήσει σφοδρῶς τῇ τῆς θείας χάριτος ἀνεχαίτισε [3].
v. 6, str. II de *Thd.*	„	τῆς ἐγέρσεως Χριστοῦ προδεικνὺς τὰς αὐγάς en προδεικνὺς αὐγὰς Χριστοῦ τῆς ἐγέρσεως.
„ str. III „	„	ὀσφρανθῶμεν τῆς αὐτοῦ θεοπνεύστου ὀδμῆς en θεοπνεύστου ὀσφρανθῶμεν ὀδμῆς αὐτοῦ.
v. 7, str. II de *P.*	„	ὑμνοῦντες αὐτὸν ὡς Θεόν en αὐτὸν ἀνυμνοῦντες (ou προσκυνοῦντες) Θεόν (amendement qui, pour n'être pas absolument nécessaire, est cependant très désirable et parfaitement fondé).
„ *heirm.* de *Thd.*	„	εὐλογῶν Χριστόν en Χριστὸν εὐλογῶν.

---

[1] Cette strophe manque dans le *Vat. gr.* 769.

[2] Le *Vat. gr.* 771 supprime le mot Χριστέ en gardant le mot Ἰωσήφ, ce qui restitue l'*isosyllabie*, mais non l'*homotonie*. D'ailleurs le mot Ἰωσήφ alourdit la construction grammaticale de la phrase — c'est un génitif dépendant d'un génitif — sans être nécessaire pour le sens.

[3] Aoriste *gnomique* ou *historique*. — On voit que les strophes plus compassées de Théodore ont le plus souffert des remaniements des copistes préoccupés à donner aux textes une construction plus intelligible.

v. 7, str. II de *Nic.*, corrigez βαβαὶ σῶν θαυμασίων en βαβαὶ θαυμασίων.

v. 7₋8, str. I de *Thd.* „ ἀναστήσας φύσιν | βροτῶν ᾅδου κευθμώνων en φησὶν, ἀναστήσας | βροτοὺς κευθμώνων ᾅδου.

v. 8, str. II de *Thd.* „ πιστοὺς φθάσαι τὸ Πάσχα en πιστοὺς τὸ Πάσχα φθάσαι.

IXᵉ ODE ('Ωιδὴ θ').

A. *Prélude* (Προῳδός). ·

Cette ode terminale du canon est précédée, dans le manuscrit athonien, de même que dans la pratique quasi générale d'aujourd'hui, d'un prélude qui manque dans les imprimés et manquait sans doute dans les codices sur lesquels ils sont basés. Ce fait même, ainsi que les différentes versions qui existent de ce prélude, prouvent suffisamment qu'il ne fait proprement pas partie de l'ode et n'est pas l'œuvre de St. Jean-Damascène. Outre la version offerte par le codex athonien, il y a encore celle indiquée dans le Τυπικόν (*Ordo* des Offices) de Constantinople [1] et dans les livres de chant néogrecs, et puis la version traditionnelle de Sicile (Piana dei Greci) qui ne diffère de la précédente que par deux vers qu'elle a en plus.

Du reste, dans les éditions grecques, le texte de ce prélude subit avant chaque strophe de nouvelles variations, que les autorités ecclésiastiques, à mon avis, ont été par trop complaisaintes d'admettre dans la célébration de l'Office, sans grand profit ni pour l'art sacré, dont les règles y sont constamment violées par des rythmes discordants, ni même pour la piété bien comprise des fidèles.

---

[1] Compilé avec l'autorisation du patriarche œcuménique par les soins du protopsalte Violakis, ἐκ τοῦ Πατριαρχικοῦ Τυπογραφείου, Constantinople 1888. L'édition athénienne du Τυπικόν, parue en 1897 chez Georgios, est l'exacte reproduction de la précédente. Notre prélude y compte 6 vers au lieu de 4 comme dans la version athonienne.

En effet — et nous arrivons par là à parler du *rythme* de ce prélude — ces variations ne supportent pas l'application normale du rythme de la première mélodie, à laquelle toutes ces versions sont unanimes à donner un mouvement anapestique de forme spondaïque très régulier et nettement tracé, malgré quelques écarts manifestement vicieux qu'on y rencontre. J'en donne ici le schéma sur la base de la version athonienne du texte (tout en me guidant sur la mélodie sicilienne); il est applicable aux versions sicilienne et néo-grecque, sauf le nombre des vers, doublé, on l'a vu, dans l'une, augmenté de deux dans l'autre. C'est exactement le vers παρριμιαχός *(de procession)* de l'antiquité :

Schéma du prélude.

1. $\lfloor \_ : \_ \_^1 \mid \_ \_ : \sqcup \mid \_ \; (4 \quad a$
2. $\lfloor \_ : \_ \_ \mid \_ \_ : \sqcup \mid \_ \; (4 \quad b$
3. $\lfloor \_ : \_ \_ \mid \_ \_ : \sqcup \mid \_ \; (4 \quad a$
4. $\lfloor \_ : \_ \_ \mid \_ \_ : \sqcup \mid \_ \; (4 \quad b$

1. Ὁ Ἄγγελος ἐβόα
2. τῇ κεχαριτωμένη·
3. [ἤ,²] παῦσον τῶν δακρύων·
4. σὸς γὰρ υἱὸς ἀνέστη.

Les quatre vers forment une période qui, sous le seul rapport métrique se présente *stichique répétée*, c. à. d. composée d'une série de membres égaux, mais qui devient palinodique par la mélodie, répétée seulement après chaque deuxième membre.

Les textes imprimés doivent se rectifier de la manière suivante : au lieu de ἀγνὴ Παρθένε, χαῖρε, καὶ πάλιν ἐρῶ, χαῖρε, lisez: ἀγνὴ Παρθένε, χαῖρε, ἐρῶ καὶ πάλιν, χαῖρε.

La mélodie sicilienne[3] pour ce préambule se tient nettement en mode *hypodorien*, et passe dans l'ode proprement

---

[1] D'après la mélodie sicilienne, ce premier pied présente partout la forme métrique *dorienne :* $\lfloor \; \cup = ♩. ♪$ au lieu de ♩ ♩

[2] ἤ interjection: *oh!* ou *allons, courage!*

[3] Notée par moi sous la dictée de D. Gregorio Stassi, moine de Grottaferrata, originaire de Piana dei Greci. L'authenticité parfaite de la forme actuelle est pourtant de nature à soulever quelques doutes. On y remarque en effet que

dite en mode *dorien*. Cette transition est du plus bel effet et est rendue plus saisissante encore par le changement du rythme que nous aurons à examiner aussitôt.

B. *L'Ode proprement dite.*

La 9e ode est le couronnement du canon : elle occupe une place marquée dans le développement de l'Office grec, caractérisée aussi extérieurement par un accroissement de solennité. Nous pouvons donc aussi dans l'ode présente du canon de Pâques nous attendre à un suprême élan du talent et de la piété du poète-musicien. De fait, la strophe se distingue par un caractère de solennité extraordinaire qui se manifeste non seulement dans le texte, mais aussi dans la mélodie de toutes les versions et particulièrement dans celle de Sicile. Aussi celle-ci mérite-t-elle d'être consultée de préférence aux autres dans la recherche du schéma rythmique.

De même que dans le prélude, le poète a employé dans le corps même du 9e *heirmos* le γένος ἴσον, la mesure binaire. C'est ce même rythme qui, dans la première ode, avait ouvert le canon entier. Mais tandisque là le mouvement vif et allègre des anapestes, souvent résolus en proceleusmatiques, prédominait, ici au contraire, le mouvement calme et grave des dactyles et des spondées se déploie dans

les repos internes se font non sur *la* ou *Ré*, mais sur *Sol*, note qui devient ainsi comme le centre harmonique de la mélodie. Le type modal qui se dessine dès lors est celui du πλάγιος α´ sur *Sol;* la cadence finale sur *Ré*, destinée uniquement à opérer la transition de cette forme hypodorienne *(Sol mineur)* au mode dorien sur *Ré*, devra conséquemment se réaliser avec les intervalles propres au mode dorien: *Mi♭ Ré* au lieu de *Mi♮ Ré*. Cette conclusion est corroborée par la présence du ♭ sur la note *la*, accident qui ne saurait avoir d'autre raison d'être que celle de préparer l'intonation du *Mi♭* propre à la cadence dorienne. En tout cas le dièze sur la note *Fa* doit être tenu pour fautif. La mélodie « restaurée » offre deux variantes: l'une, sous A, se rattache au texte du mont Athos, l'autre, sous B, à la mélodie sicilienne modifiée.

toute sa largeur. Les deux premiers vers et deux autres du milieu (v. 5-6) prennent même l'allure toute solennelle des soi-disants σπονδεῖοι ou δάκτυλοι τετράσημοι (mesure où chaque syllabe embrasse quatre temps entiers), ainsi que le fait voir le schéma suivant :

1. ⌣ ⁚ ⌣ ｜⌣· ｜⌣ ⁚ ⌣ ｜⌣   1. {6} 12 a} α
2. ⌣ ⁚ ⌣ ｜⌣ ｜__ ⁚ __｜⌣ [1]   2. {6}   b}

3. { __｜_∪∪ ⁚ ⌣ ｜_   3. {4   c} β
4. {∪∪ ⁚ ∪｜⌣   _｜_   4. {4   d}

5. { ⌣ ｜⌣ ⁚ ⌣ ｜⌣   5. {4}
     { __｜⌣ ⁚ _∪｜⌣ [2]   μεσ. {4} 12 a} α
6. { ⌣ ｜⌣ ⁚ ⌣ ｜⌣   6. {4}   b}

7. { __｜__ ⁚ ⌣ ｜_ [3]   7. {4   d} β
8. {_ ⁚ __｜_∪∪ ⁚ __｜_   8. {4   c}

1. { Φωτίζου, φωτίζου,
2. { ἡ νέα Ἰερουσαλήμ·
3. { ἡ γὰρ δόξα Κυρίου
4. { ἐπὶ σὲ ἀνέτειλε.
5. { Χόρευε νῦν
     { καὶ ἀγάλλου, Σιών·
6. { σὺ δὲ ἁγνὴ
7. { τέρπου Θεοτόκε,
8. { ἐν τῇ Ἐγέρσει τοῦ τόκου σοῦ.

Les deux premiers vers font d'abord l'impression d'une période à introduction solennelle. Ils ressemblent, si je puis m'exprimer ainsi, aux propylées qui conduisent à quelque temple représenté par le reste de la strophe. Bientôt cependant on s'aperçoit qu'ils trouvent une sorte de réponse dans

---

[1] ou ⌣ ⁚ __｜__｜⌣｜⌣｜⌣

[2] ou __｜⌣∪∪｜⌣

[3] ou 7. { __｜__｜⌣   ｜∪, ∪
     8. {∪∪｜⌣ ｜__｜__｜_

les vers 5 et 6. Seulement, comme le mouvement est très lent et très solennel, le poète-musicien, avec un sens esthétique exquis, s'est ingénié à en varier légèrement la contrepartie. Tandisque les deux premiers vers représentent *deux* membres, composés de six spondées syncopés (τετράσημοι = deux πόδες δωδεκάσημοι ἰαμβικοί) chacun, et rentrent dans le genre des νόμοι ὄρθιοι dont Terpandre passe pour être l'inventeur [1], les vers 5-6, au contraire, représentent *trois* membres à quatre pieds ; ce sont des σπονδεῖοι τετράσημοι mêlés de spondées ordinaires : il y a donc douze pieds de chaque côté.

Si les deux groupes 1-2 et 5-6 ne se répondent ni par antithèse ni palinodiquement, mais par voie de *métabole* ou de variation rythmique, les vers 3-4 et 7-8, par leur structure intérieure, se répondent plutôt par antithèse : le tout paraît former une seule période palinodique dans son ensemble [2].

Le mouvement très lent est fondé sur la mélodie traditionnelle de Sicile et correspond d'ailleurs au caractère solennel du texte.

On remarque au vers 4 le signe métrique ⊔. Sa valeur, limitée par les métriciens à la durée de cinq temps, dans la mesure ternaire (♩. ♩ ou 𝅗𝅥. 𝅗𝅥), me paraît pouvoir être élargie ici, dans la mesure binaire, par analogie à la durée de six temps : car de part et d'autre il y a toujours deux *arsis* (de la voix) et une *thésis*, ou, ce qui revient au même, deux *thésis* (du pied) et une *arsis* (𝅗𝅥 ♩). Cette durée est, du reste, encore dépassée dans la mélodie italo-grecque. Le

---

[1] Voir Westphal *Griechische Metrik*, III Aufl. Leipzig, Teubner 1889, p. 8-9. — Les vers en question ont ceci de particulier que les trois temps du pied iambique ⏑ ⁝ —́, résolu ⏑ ⁝ ⏑́ ⏑, et du pied trochaïque —́ ⏑, résolu ⏑́ ⏑ ⏑ sont quadruplés : ⊔ ⁝ ⊔́ ⊔ = 3×4, et ⊔́ ⊔ ⊔ = 3×4.

[2] Si, malgré cette relation existant indubitablement entre les deux premiers vers et les vers 5-6, l'on tenait à isoler ceux-là pour en constituer une période séparée, le reste, vers 3 à 8, formerait une période antithétique-mésodique.

même vers 4 offre aussi la combinaison métrique ⌣ ⌣ : c'est l'*épitrite* de la métrique antique, représentant la valeur musicale ♩. ♪ . Quant à la combinaison métrique finale des vers 7-8, représentée également par la mélodie italogrecque, à savoir ⌣⌣ ⌣⌣ | ⌣ | ⌣⌣ ⌣⌣ | _ ‖ _ ⌣ | ⌣ | ⌣ ⌣ | ⌣ | ⌣ , elle doit être tenue pour très douteuse, parce que, tout en étant parfaitement appropriée au rôle de clôture de la strophe, elle a en sa défaveur, de s'écarter par trop de la division traditionnelle et obvie des vers [1].

Le schéma exposé présente l'avantage d'obvier à plusieurs irrégularités rythmiques des strophes. Il reste cependant quelques rectifications à faire.

Au v. 2, str. V de *Thd.*, corrigez Ἐκκλησία Θεοῦ en ἡ Ἐκκλησία τοῦ Θεοῦ; c'est la version du *cod. gr.* Δ. β. *II* de *Grottaferrata*, tandisque le *Vat. gr. 769* donne ἡ Ἐκκλησία τοῦ Χριστοῦ.

v. 4 du *heirm.* de *Thd.* lisez: τὸν Θεὸν ἡμῶν Χριστόν, au lieu de commencer par Χριστόν.

v. 5 de plusieurs strophes, les quatre syllabes finales du *heirmos*: ... γάλλ ο υ Σ ι ώ ν sont remplacées par trois, p. e. ἔλαμψεν [2].

v. 6-7, str. I de *Thd.*, corrigez δόξα τῇ σῇ | ἐγέρσει βοῶντας en τῇ ἐγέρσει | σου βοῶντας δόξα.

v. 8, str. III de *Thd.*, ὡς προφητεύει ὁ θεῖος Δαβίδ omettez le mot θεῖος: le spondée τεύει du mot προφητεύει remplace le dactyle des autres strophes. La *parfaite isosyllabie* s'obtiendrait en mettant le verbe au passé: ὡς προεφήτευσε ὁ Δαβίδ.

*
* *

L'analyse rythmique des huit *heirmoi*, qu'on vient de lire s'écarte, si je ne me trompe, de tout ce qui a été écrit depuis longtemps sur le rythme de l'hymnographie grecque. La mé-

---

[1] Dans l'essai de restauration, cette façon de rythmer a trouvé place (sous la lettre b) à côté de l'autre proposée dans le schéma (mélodie sous a).

[2] La contraction affecte les syllabes λου Σι ou peut-être les syllabes γάλλου; dans ce dernier cas la syllabe de contraction représenterait la forme métrique ⌐⌐ = six temps (respectivement cinq temps, v. page précédente).

thode suivie n'est pas la voie battue; pour cela seul déjà elle ne manquera pas de susciter des contradictions. Peut-être y en aura-t-il de fondées touchant les détails et la forme de quelques schémas en particulier[1]. Mais quant à la méthode en elle même, j'ai la confiance ou plutôt la conviction qu'elle est bonne et même la seule bonne et vraie: elle seule fait face aux besoins réclamés par la pratique du chant ecclésiastique (à laquelle ces hymnes sont destinées) et elle seule aussi fait ressortir, d'une façon satisfaisante, la technique et l'art merveilleux qui ont présidé à la confection de ces strophes: deux motifs, ce semble, qui doivent l'accréditer auprès des érudits.

Le problème du rythme verbal et du rythme musical de l' Ὀκτώηχος (et partant de l'hymnografie grecque en général), posé, il y a deux ans, par le Patriarcat de Constantinople comme objet de deux concours *séparés* (dont l'issue m'est restée inconnue), a reçu ici une solution *simultanée,* la seule possible, à mon avis. J'ose la soumettre à tous ceux qui cherchent sincèrement le vrai et le beau, et en particulier aux auteurs et aux promoteurs d'une si généreuse initiative, m'associant de tout cœur aux sentiments qui les inspirent, et qui à coup sûr ont été puisés dans ces paroles du psalmiste: Κύριε, ἠγάπησα εὐπρέπειαν τοῦ οἴκου σου. Ps. 25.

---

[1] On a pu le constater, plus d'une fois le choix était difficile entre les diverses combinaisons schématiques qui se présentaient à l'étude de ces strophes; et encore, toutes celles qui étaient possibles, n'ont pas été mentionnées ici. La 5e ode, p. ex. (v. ci-dessus p. 62 ss.), moyennant une application encore plus étendue de la τονή sur les 4 premiers vers, aurait pu aussi se construire en une période palinodique de 9 membres, de quatre pieds chacun, avec le 1er vers (Ὀρθρίσωμεν) pour προφδικόν. Mais il convenait de s'arrêter aux combinaisons les plus problables, dont l'étude analytique, d'ailleurs, n'a été déjà que trop longue.

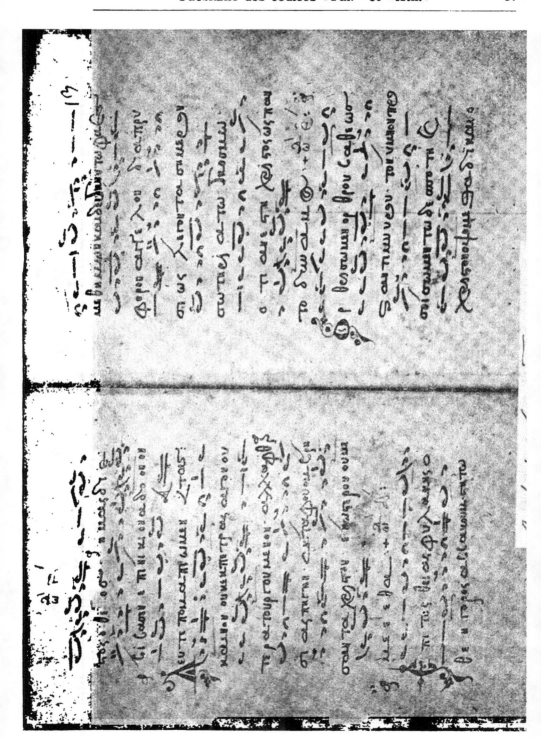

ESSAI DE RESTAURATION

Ὠιδὴ α'.

ALLEGRO VIVACE

(1) Ἀ - να - στάσε - ως ἡ - μέρα, (2) λαμπρυνθῶ - μεν, λα - οί·

(3) Πάσχα Κυ - ρί - ου, Πά - σχα· (4) ἐκ γὰρ θα - νά - του πρὸς ζω -

- ὴν, (5) καὶ ἐκ γῆς πρὸς οὐρα - νὸν, (6) Χρι - στὸς ὁ Θε - ὸς, (7) ἡ -

- μᾶς δι - ε - βί - βα - σεν, (8) ἐ - πι - νί - κι - ον ᾆ - δον - τας.

Ὠιδὴ γ'.

ALLEGRO VIVACE

(1) Δεῦ - τε, πό - μα πί - ωμεν και - νὸν, (2) οὐκ ἐκ πέτρας ἀ -

- γό - νου τε - ρα - τουργού - με - νον, (3) ἀλ - λ᾽ἀφθαρσίας

πη - - - γὴν (4) ἐκ τά - φου ὀμβρή - σαν - τες Χρισ - τοῦ,

(5) ἐν ᾧ στε - ρε - ού - με - θα.

Ὠιδὴ δʹ. (siell.)

ANDANTE

(1) 'Ε- πὶ τῆς θεί- ας φυ-λακῆς (2) ὁ θε-η-γό-ρος 'Αβ-βακοὺμ

(3) στή - - τω (4) μεθ' ἡ-μῶν, καὶ δει - κνύ - - τω

(5) φα- εσ-φόρον 'Άγγε - λον (6) δι -απρυ-σί-ως λέ-γον-τα·

(7) σή - - με - ρον (8) σω-τηρί - α τῷ κό - -σμῳ,

(9) ὅ-τι ἀ-γέ- - -στη Χρι-στὸς (10) ὡς παν-το-δύ - να - μος.

Ὠιδὴ εʹ.

ALLEGRO VIVACE

(1) 'Ορ-θρί- σω - μεν (2) ὄρ-θρου βα- θέ - ος, (3) καὶ ἀν-τὶ

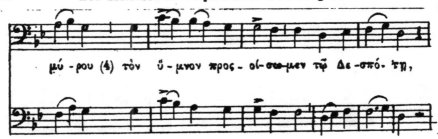

μύ - ρου (4) τὸν ὕ - μνον προς - οἴ - σω - μεν τῷ Δε - σπό. τῃ,

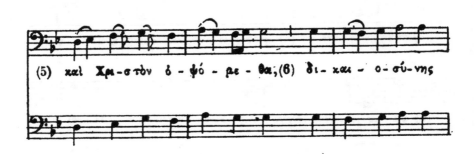

(5) καὶ Χρι - στὸν ὀ - ψό - με - θα,;(6) δι - και - ο - σύ - νης

ἥ - λι - ον, (7) πᾶ - σι ζω - ὴν ἀ - να - τέλ - λον - τα.

'Ωιδὴ ϛ'

ALLEGRO VIVACE

(1) Κα τῆλ - θες (2) ἐν τοῖς κατω - τα - - τοις τῆς γῆς,

(3) καὶ συν- έ-τριψας μο - - χλοὺς (4) αἰ - ω- νί- ους, κατ-

6 -χους(5) πε- πε- δημέ - νων, Χριστὲ,(6) καὶ τρι-ή-μερος,

(7) ὡς ἐκ κή-τους Ἰ - ω - - νᾶς,(8) ἐξ - α-νέστης τοῦ τά - φου.

'Ωιδὴ ζ'.

ALLEGRO

(1) Ὁ παῖ - - δας ἐκ κα-μί-νου ρυ - σά-με-νος,(2)γε-νόμενος

adagio   a tempo

ἄν-θρω - -πος(3) πάσχει ὡς θνη-τός,(4) καὶ τὸ θνη - τὸν δι-ὰ

var.   var.

πάθους(5) ἀφθαρ- σί - - - ας ἐν - δύ-ει εὐ-πρέ-πει - χι,(6)ὁ μόνος

var.   rall

εὐ - λο-γη τός(7)τῶν Πα-τέ - -ρων(8) Θε - ὸς καὶ ὑπερ-ένδο-ξος.

'Ωιδὴ η'.

'Ωιδὴ θ'.

APPENDICE I.

Outre les quatre canons étudiés dans les pages précédentes, il existe quelques autres strophes composées sûr les mêmes *heïrmoi* de Pâques. C'est d'abord le 1er canon de la fête de St. Georges (Ménées, 23 avril), composé, selon l'acrostiche, par un certain David [1], et puis les *Triodia* du mercredi et du jeudi de la 4e semaine de Carême, composés, le premier par Théodore Studite, le second par Joseph de Thessalonique, son frère. La 3e ode du Triodion du dit mercredi ne suit cependant pas le *heïrmos* pascal Δεῦτε, πόμα πίωμεν, mais un autre du même mode Στερέωσον, Κύριε. Dans les listes des irrégularités rythmiques qu'incessamment nous aurons à signaler et au besoin à rectifier, ces strophes seront citées par les initiales du nom de leurs auteurs respectifs : *D*(avid), *Jos.*, *Thd.* bis [2].

La Iere ODE, représentée par le canon de *D.*, est toute régulière.

La III0 ODE pas plus que la Iere, n'offre d'irrégularité proprement dite, si non, dans les strophes II et IV, l'absence

---

[1] L'acrostiche est conçu en ces termes : « Ὑμνῶ σε, Γεώργις, Δαυὶδ ἐκ π'λθου· δεῖ γὰρ δή, « Moi, David, je te chante, o Georges; car il le faut bien ». Qui est ce David ? L'histoire de la littérature byzantine offre plusieurs personnages de ce nom, parmi lesquels on signale bien des polémistes et des philosophes, mais aucun hymnographe. Il y figure cependant un commentateur d'hymnes ecclésiastiques, auquel il serait peut-être permis d'attribuer le présent canon. C'est Nikétas *David*, évêque de Dadybra, en Paphlagonie († 888). Dans cette hypothèse, ce nom devrait figurer non seulement parmi les commentateurs d'hymnes, mais encore parmi les hymnographes. (Cf. K r u m b a c h e r *Gesch. d. byz. Litteratur* IIe éd. München, Beck 1897, p. 679).

[2] Je fais observer que je n'ai pu trouver le canon de *D.* dans aucun des Ménées manuscrits par moi consultés, à savoir *Grottaf. Δ. a. VII* (XIe-XIIe s.), *Vat. gr.1212* (XIe-XIIe s.), *1193* (de 1568), *Pii II gr.32* (XIIe s.), *Reg. gr. 61* (XIIe s.), *Barb. gr. 450* (XIIe s.). Le *Vat. gr. 779* (XVe-XVIe s.) indique bien un « canon du Saint (composé) sur Ἀναστάσεως ἡμέρα », mais en renvoie pour le texte à un autre livre : « ζήτει εἰς τὸ ἕτερον βιβλίον ».

de césure avant les deux dernières syllabes du 1er vers, césure constatée d'une façon quasi régulière dans les canons
déjà étudiés.   Arrivons à la

·   IVe ODE.

Les rectifications à faire se réduisent aux suivantes:

Au vers 1, str. III de *Jos.*, suppléez l'article devant σταυροῦ:
Θείῳ ἀρότρῳ [τοῦ] σταυροῦ.

Au v. 5, str. III de *D.*, corrigez ἀστὴρ φαεινότατε en ἄστρον
φαεινότατον (l'accent de ἀστήρ constitue cependant une licence
plutôt qu'une irrégularité).   Il faut en dire autant du
v. 6 des strophes II, III et IV de *Jos.*, où le mot initial porte
l'accent sur la 2e syllabe (νηστείας, βλαστάνουσαν, ἀθλίως) comme
aussi dans les strophes IV et VI de *Thd.*, tandis que dans les
strophes II et III de *P.*, VII et *heirmos* de *Thd.*, I de *Jos.* l'accent affecte la 1ère syllabe (ἄμωμος, πρόκεισαι etc.), et qu'il reste
indécis et indéterminé entre les 2 syllabes initiales dans les autres
strophes ainsi que dans le *heirmos* de Pâques même (διαπρυσίως).

La licence que nous constatons ici, ne produit de fait aucune
impression antirythmique et, peut, d'ailleurs, se justifier par la
théorie rythmique de l'antiquité, qui considère les deux premiers
temps de la mesure ternaire (trochaïque) comme forts et comme
susceptibles d'accent rythmique [1].

v. 8, str. II de *Jos.*, corrigez τρέψωμεν en τροπῶμεν.

„   „   IV   „   „   αἰτίαν σωτηρίας en σωτηρίας
αἰτίαν, d'après les codices *Vat. gr. 769* et *771, Pü II 30*. Le *Reg. 59*
donne ὡς θερμὴν σωτηρίαν.

v. 9, str. III de *D.*, suppléez un mot dissyllabe comme πάντας: φύλαττε [πάντας] ἡμᾶς.

v. 10, str. I et II de *Jos.*, il y a une syllabe de plus que dans
le *heirmos* dont le rythme: ◡◡◡|∟ ⋮∟|◡ se modifie ainsi en ce-
lui-ci: ◡◡◡|∟ ⋮ ‒◡|◡|◡, p. e. str. I: „ ἐξευμαρίζων ἡμῖν „.

Dans les str. II et IV de *D.*, au contraire, il manque une syllabe;
le rythme du *heirmos* s'y trouve ainsi modifié en ‒◡|∟ ⋮∟|◡|◡,

---

[1] Appliquez la même observation au vers 1 de la str. II de *D.* Ῥημάτων σου
οὐκ ἐνεγκών, que l'acrostiche défend de corriger par transposition de mots, et
de la str. IV, Ἰδού etc. du même canon. Cf. ci-dessus, p. 39, note 1.

à moins de suppléer chaque fois un mot monosyllabe, p. e. str. II:
ὁ [μὲν = certes] Χριστός ἐστιν, et str. IV : Κόρη, [ὡς] νήπιον.

Pour la Vᵉ Ode il n'y a rien à signaler, sinon le 4ᵉ vers
des 4 strophes de *D.*, qui commence partout par le frappé,
au lieu que, dans le *heirmos,* il commence par le levé. On
pourra corriger :

    v. 4, str. I, τὴν σεπτὴν ἀνάστασιν en σεπτὴν τὴν ἀνάστασιν.

      „   „ II, ὁ καλὸς Γλυκέριος en καλὸς ὁ Γλυκέριος.

      „   „ III, πλήρωσον τὸ στόμα μου en τὸ στόμα μου πλήρωσον.

      „   „ IV, καὶ Παρθένος πέφυκας en Παρθένος καὶ (ou τε) πέ-
φυκας.

VIᵉ Ode.

Au v. 4‑5, str. III de *D.*, corrigez (4) εὑρηκότες ἐξάρχοντα (5)
τὸν Γεώργιον en (4) ἔξαρχον εὑρηκότες (5) Γεώργιον ἅγιον.

    v. 5, str. IV de *D.*, corrigez καὶ ἀνεκλάλητος en ἀνεκλαλήτως
καὶ γάρ.

    v. 5‑6, str. II de *D.*, il faut noter la synérèse rythmique de
l'avant-dernier pied, ἔνδοξε au lieu de ⌣ : ‿ ⌣ | ‿ , signalée déjà
dans la str. II de *P.* (p. 69-70), à moins de corriger en καὶ ψάλλων
[ὦ] ἔνδοξε.

    v. 8, str. III de *D.*, corrigez ἡμέρα γὰρ Κυρίου en ἐν (ou τῇ)
ἡμέρᾳ Κυρίου.

VIIᵉ Ode.

Notons avant tout que le vers 4 (joint ici d'une façon
constante au vers 3) a partout la forme rythmique mo-
difiée de Théophane : ‿ : ‿ ‿ | ⌣ ⌣ ⌣ ⌣ : ‿ au lieu de celle :
‿ : ‿ ‿ | ‿ ⌣ ⌣ : ⌣ ⌣ assignée plus haut (p. 70) au *heirmos.* Mal-
gré l'unanimité des hymnographes du IXᵉ siècle dans le choix
de cette forme rythmique pour le v. 5, je ne puis cependant
me résoudre à la considérer comme la forme primitive du
heirmos, parce qu'il est très difficile, si non impossible, d'y
réduire, au moyen de corrections, les strophes II et IV de
Pâques, μετὰ δακρύων ἐζήτουν, et τῆς λαμπροφόρου ἡμέρας.
Il est au contraire très aisé, par de simples transpositions

de mots, de ramener le *heirmos* et la strophe III de *P*. au rythme proposé comme authentique dans le schéma (v. plus haut p. 73_74 avec les notes 1).

v. 1, str. II de *D*., corrigez les deux οὐδέ en deux οὔτε.

v. 3_4, str. III de *D*., corrigez σὲ δ' ὁ τῶν Ἀγγέλων Βασιλεύς καταπλαγείς en (3) σὲ καταπλαγείς (4) ὁ τῶν Ἀγγέλων Βασιλεύς (ou autrement).

v. 5, str. I de *D*., corrigez εὑρίσκονται πληθυνόμενα en εὑρίσκονται πλείονα.

v. 5, str. II de *D*., supprimez le mot Μάρτυς: πελαγίζοντες (Μάρτυς) οὐχ ὑπερβλύζουσι.

v. 6_8, str. II de *D*., corrigez τὸ σὸν γὰρ θαυμαστὸν ἐν πάσῃ τῇ γῇ ᾄδεται ὄνομα en (6) τὸ ὄνομα γὰρ τὸ σὸν (7) θαυματόεν (8) ἐν πάσῃ τῇ γῇ ᾄδεται.

VIIIᵉ ODE.

La VIIIᵉ et la IXᵉ ODE des deux jours — mercredi et jeudi de la Mi-Carême — sont dans les imprimés enrichies d'un *heirmos* spécial qui ne se retrouve pas dans les codices par moi consultés. Quelquefois encore des tropaires en usage aujourd'hui y sont remplacés par d'autres, ou bien apparaissent dans un ordre différent. Ainsi la IIIᵉ strophe de *Thd*. [bis] Μίαν ἐν τρισί est remplacée dans les codices *Vat. gr. 769 et 771, Reg. 59, Pii II, 30* par la strophe Πάτερ Παντοκράτορ, tandis que les strophes placées aujourd'hui après celles du Δόξα et du Καὶ νῦν avec le verset Δόξα σοι ὁ Θεὸς ἡμῶν, δόξα σοι, s'y trouvent avant le Δόξα, leur place, sans doute, primitive, où ils s'intercalaient à coup sûr après les versets respectifs du cantique scriptural.

En fait d'irrégularités rythmiques, il y a, dans la VIIIᵉ Ode, à noter les suivantes:

Au v. 2, str. II de *Thd*. [bis] et str. I de *Jos*., corrigez ὁ σταυρὸς ὁ τριμερὴς καὶ μέγας (*J*. θεῖος) en ὁ σταυρὸς τριμερὴς καὶ ὁ μέγας [1]

---

[1] Correction suggérée par les cod. *Gr. Δ. β. II et VII* qui ont: Ὁ σταυρὸς ὁ τριμερὴς, ὁ μέγας.

ou, peut être mieux, en Ὁ σταυρὸς ὁ τριςμάκαρ, ὁ μέγας, tour de pensée assez familier aux poètes de la Croix. A comparer p. e. le vers 6 strophe IV du canon de la Croix: σταυρὸς ὁ τριςμακάριστος. L'épithète τριμερής fait sans doute allusion à la légende d'après laquelle la croix du Rédempteur aurait été composée de trois pièces de bois différent (Cf. l'expression τὸν τρισύνθετον σταυρόν dans l'οἶκος du 21 mai, fête des Sts. Constantin et Hélène), mais comme expression lyrique il est bien pâle et n'a que faire à côté de·θεῖος et μέγας, et ne vaut certes pas l'épithète τριςμάκαρ.

v. 2 εἱρμός de *Thd.* bis, supprimez le mot ποτέ: Ἐν τῷ λάκκῳ βληθεὶς τῶν λεόντων (ποτέ).

v. 3, str. I de *D.*, corrigez ἄλλου Παραδείσου en ἑτέρου Παραδείσου.

„ „ „ II de *Jos.* „ τοὺς δεινῇ δυναστείᾳ en τοὺς δύςνῳ δυναστείᾳ.

„ „ „ III „ „ ἐν ᾧ, Λόγε, καθίσας en ἐν ᾧ καθίσας, Λόγε.

„ 4 „ IV de *Thd.* bis „ ἄνευ ἀνδρός en χωρὶς ἀνδρός.

„ „ „ V „ „ ἀνακράζει en ἀνακραυγάζει (d'après les mss.).

„ „ „ I de *Jos.*, „ σάρκα φορέσας ἐπάγη en φορέσας σάρκα ἐπάγη.

„ 5 „ II et IV de *Jos.*, à remarquer la synérèse rythmique.

„ 6 „ III de *D.*, corrigez διεὶς τὰς πτέρυγάς σου en διεὶς σου τὰς πτέρυγας.

v. 6, str. II et V de *Thd.* bis, à remarquer la diérèse rythmique de l'avant dernier pied ⏑⏑⏑ | _ , (ἀνα)φέρει ἀεί et (σταυ)ρούντων αὐτόν, au lieu de _⏑| _ , comme l'offre le *heirmos*. Cette diérèse nuit, à vrai dire, à l'eurythmie qui, au lieu d'une diérèse, demanderait plutôt une contraction répondant aux deux syllabes *tenues* du commencement de la strophe: ∟ ⏐ ∟ . C'est pour ce motif que plus haut (p. 78) j'ai eu recours à la correction, qui était d'ailleurs facile à faire. Toutefois, j'admets qu'en cet endroit le texte reçu présente moins une vraie faute qu'une défectuosité rythmique.

v. 6, str. III de *Jos.*, suppléez un mot monosyllabe comme καί: στηλιτεύων [καὶ] τὴν ἀναισθησίαν μου.

v. 6, str. IV de *Jos.*, corrigez διὰ σπλάγχα Ἰησοῦ en δι' εὐσπλαγχνίαν Ἰησοῦ (version du cod. *Reg. gr.* 59).

v. 7, str. IV de *Jos.*, corrigez ὅθεν σε ὑμνοῦμεν en διό σε ὑμνοῦμεν.

v. 7-8, str. I, III, IV de *D.*, les deux vers sont réunis en un seul (dans la 1ère strophe il manque même la césure); dans la str. II ils sont séparés, mais le mot φυτόν y est joint au vers 7 au lieu d'être joint au vers 8.

v. 7_8, εἱρμ. de *Thd.* bis, corrigez εὐλογῶν τὸν πάντων Θεὸν εἰς τοὺς αἰῶνας en (7) Θεὸν εὐλογήσας (8) εἰς πάντας τοὺς αἰῶνας.

v. 7_8, str. III de *Jos.*, corrigez (7) ἀλλὰ φύσει ὢν (8) συμπαθής, φεῖσαί μου τότε en ἀλλά, συμπαθὴς ὤν, (8) φεῖσαί μου, φεῖσαι τότε, correction légitimée par la version du *Vat. gr. 771:* ἀλλὰ φεῖσαι, ὢν συμπαθής· φεῖσαί μου τότε. Le copiste a peut être été influencé par le souvenir du vers ὁ τῇ φύσει ἀπαθής (Ὀκτώηχος, ἦχ. β. mercredi, Ὄρθρος, Σταυροθεοτοκίον, μετὰ τὴν β΄ στιχολογίαν).

IXᵉ ODE.

Les rectifications à faire sont relativement peu nombreuses.

v. 1_2, str. II de *D.*, mettez l'article αἱ du 1ᵉʳ vers dans le 2ᵈ vers devant τῶν ἐθνῶν: (1) Αἰνοῦσι(ν αἱ) σύμπασαι (2) νῦν πατριαὶ [αἱ] τῶν ἐθνῶν.

v. 3_4, str. IV de *Jos.*, corrigez (3) τῆς ἐμῆς νῦν καρδίας (4) τὴν λύπην ἀφάνισον en (3) νῦν τὴν λύπην καρδίας (4) τῆς ἐμῆς ἀφάνισον.

v. 4, str. I de *D.*, corrigez τὸ ὄρος τὸ ἅγιον en ὄρος ᾧ τὸ ἅγιον (?) ou ὁ βουνὸς ὁ ἅγιος.

v. 4, str. III de *Thd.* bis, supprimez le mot καί ou l'article τόν: τὸν Πατέρα, (καὶ) τὸν Υἱόν.

v. 4, str. IV de *Thd.* bis, corrigez ὡς Δαυὶδ ὁ θεῖος βοᾷ en ὡς ἐβόησε Δαυίδ.

v. 4, εἱρμ. de *Thd.* bis, corrigez Χριστὸν τὸν Θεὸν ἡμῶν en τὸν Θεὸν ἡμῶν Χριστόν.

v. 4, str. I de *Jos.*, corrigez ὃν φέρεις en ὃν φορεῖς.

v. 5, str. III, IV, V de *Thd* bis et I, II, III de *Jos.*, les quatre syllabes finales du *heirmos:* (ἀ)γάλλου Σιών sont remplacées par trois syllabes (voir ci-dessus p. 84, note 2).

v. 8, str. I, II et V de *Thd.* bis présente sur l'avant dernier pied une diérèse rythmique, qui est peu en rapport avec le rôle de clôture finale de ce vers. Je propose de supprimer chaque fois le dernier mot disyllabe, ἀεί, αὐτόν, ἡμῖν, dont aucun d'ailleurs n'est nécessaire pour le sens. Au lieu d'une diérèse il en résulte ainsi une synérèse de l'avant-dernier pied, qui donne à ce vers final la gravité voulue et en même temps une mesure strictement eurythmique.

v. 8, str. I de *Jos.*, corrigez σκότους πλησθεῖσα en πλησθεῖσα σκότους.

APPENDICE II.

Ce travail était déjà composé, quand j'ai pu me mettre en possession de l'excellente étude de M. K r u m b a c h e r, intitulée *Studien zu Romanos*. — Je suis heureux de constater que, sur plus d'un point, l'éminent Professeur était arrivé avant moi à des conclusions identiques, tout en restant, sur d'autres points, éloigné des résultats consignés dans ces pages. Je crois donc faire chose utile, en précisant ici, les points de contact et les points de divergence indépendamment survenus dans nos travaux. Ils concernent soit le rythme des vers, soit le rythme et la structure des strophes.

Et d'abord, pour ce qui est du rythme des vers, M. Krumbacher considère comme authentiques et voulues ou légitimes les variétés et inégalités de rythme tonique et de nombre syllabique, observées quelquefois dans des vers et strophes d'un même poème : une extrême réserve dans l'amendement de ces inégalités est donc recommandée et réclamée par nous d'un commun accord. Mais nous nous séparons, lorsqu'il s'agit de rendre raison de ce fait et surtout de l'expliquer dans son application pratique, laquelle, somme toute, est la chose la plus importante, pour ne pas dire la seule importante.

Quant à la question de savoir, pourquoi ces irrégularités de strophe à strophe arrivent précisément dans tels vers et non dans d'autres, l'éminent Byzantiniste confesse ne pouvoir la résoudre ; et pour ce qui concerne l'éxécution pratique de ces vers, il ne lui semble pas moins difficile d'en donner une explication satisfaisante [1].

La raison de cet embarras réside uniquement dans son point de départ, c. à d. dans sa façon de concevoir le rythme des hymnographes. D'après lui, celui-ci consiste *essentielle-ment* et *uniquement* dans l'accentuation tonique et dans l'iso-

---

[1] « Es ist hier (v. 13 du *heirmos* Τὸν νοῦν ἀνυψώσωμεν) noch auffälliger als bei Vers 5, dass der Dichter selbst sich einen kleinen Spielraum erlaubte. Warum gerade in diesen zwei Versen, ist eine Frage, die ich nicht beantworten kann. Nicht minder schwierig ist die Frage wie sich der Gesang mit solchen metrischen Unebenheiten abgefunden habe ». *Studien zu Romanos,* p. 79 et 83.

syllabie, en d'autres termes dans l'évaluation et dans la numération des syllabes, à l'exclusion de toute mensuration. Selon moi, au contraire, le rythme des hymnographes est basé essentiellement sur la mensuration, non quantitative, mais musicale des syllabes, donc dans l'*isochronie* ou l'*isopodie*, unie régulièrement, mais non nécessairement à l'*homotonie* et à l'*isosyllabie*. Cela posé, les difficultés tant théoriques que pratiques se résolvent généralement d'elles-mêmes. Une syllabe qui mesure deux temps dans le *heirmos*, est facilement remplacée par deux syllabes brèves dans une strophe. Dans l'hypothèse reçue qui donne à toutes les syllabes indistinctement la même durée, l'accélération ou la prolongation accidentelles se conçoivent difficilement ou produisent un effet peu esthétique, dont personne ne voudra rendre responsables les hymnographes. Les notes *tenues* ou *mesurées* longues, au contraire, laissent un champ libre pour l'accélération et pour la variation, tout en constituant un précieux moyen d'expression : elles se rapportent, en effet, presque toujours à des paroles du texte particulièrement expressives et emphatiques.

Pour ce qui est du rythme de la strophe, M. Krumbacher a reconnu avec Christ, certains groupements de vers en incises plus grandes. Mais ces groupements, basés sur la division du sens, varient assez librement de strophe à strophe (l.c. p.87 ss.)

D'après moi aussi, ce groupement des vers en unités plus grandes est chose certaine. Seulement j'opine, contrairement à M. Krumbacher, qu'il n'est pas basé sur un principe logique dépendant du sens, mais avant tout sur un principe métrique, l'eurythmie de la strophe ; c'est un principe plus matériel, extrinsèque au sens de la phrase dont les divisions seront subordonnées aux divisions eurythmiques. Celles-ci ont leur place déterminée par la structure et par l'organisme même du *heirmos*, et elles restent, par conséquent, invariables, quand bien même le rythme des membres ou les incises du sens varieraient de strophe à strophe.

TABLE DES MATIÈRES

INDEX ALPHABÉTIQUE DES NOMS ET DES MATIÈRES.

(Les chiffres indiquent les pages).

CORRIGENDA.

Page 8, note de la page précédente, l. 4, ajoutez cod. *Vat. gr. 805*, 1ère feuille de garde.

» 9 rapportez la traduction musicale du $_M$° 10^b à 10^c et vice versa.

» 16, note, l. 4: . . . . lisez ὀξεία au lieu de ὀλίγον.

» 46, l. 15, lisez *Nile* au lieu de *St. Nile*.

» 51, note 1, l. 3: lisez : *écrit de Nile, moine de Grottaferrata*.

» 60, l. 2 d'en bas, lisez : *vendredi* au lieu de *vers*.

» 89 avant-dernière portée musicale, 4e note, lisez : ♩• au lieu de ♩•

» 92 dernière portée musicale 4e mésure, remplacez ♩ par ♩

IMPRIMATUR
Fr. Albertus Lepidi Ord. Praed. S. P. A. Magister

IMPRIMATUR
Iosephus Ceppetelli Patr. Const. Vicesgerens